《아이 can 파닉스》는
열아홉 명의 어린이 친구들이 먼저 체험해 보았으며
현직 교사들로 구성된 엄마 검토 위원들이
검수에 참여하였습니다.

어린이 사전 체험단

권서현, 김이수, 김채훈, 류하준, 박서연, 서현
송정훈, 오주형, 온유빈, 이다은, 이승후, 전하준
정유승, 정유신, 조민형, 조윤서, 조은하, 주해원, 황연우

엄마 검토 위원 (현직 교사)

강혜미, 김동희, 김명진, 김미은, 김민주, 김빛나라
김윤희, 박아영, 서주희, 심주완, 안효선, 양주연
유민, 유창석, 유채하, 이동림, 이상진, 이슬이
이유린, 정공련, 정다운, 정미숙, 정예빈
제갈공면, 최미순, 최사라, 한진진
윤여진 (럭스어학원 원장)

아이 can
파닉스
Phonics

파닉스
Phonics

초판 인쇄	2025년 1월 3일
초판 발행	2025년 1월 10일
지은이	한동오
그린이	진유현
편집	시소스터디 편집부
펴낸이	엄태상
영문감수	Kirsten March
표지디자인	권진희
내지디자인	디자인디
콘텐츠 제작	김선웅, 장형진
마케팅본부	이승욱, 왕성석, 노원준, 조성민, 이선민
경영기획	조성근, 최성훈, 김다미, 최수진, 오희연
물류	정종진, 윤덕현, 신승진, 구윤주
펴낸곳	시소스터디
주소	서울시 종로구 자하문로 300 시사빌딩
주문 및 문의	1588-1582
팩스	0502-989-9592
홈페이지	www.sisostudy.com
네이버카페	시소스터디공부클럽 cafe.naver.com/sisasiso
인스타그램	instagram.com/siso_study
이메일	sisostudy@sisadream.com
등록일자	2019년 12월 21일
등록번호	제2019-000148호

ISBN 979-11-91244-67-0 63740

아이 can 캔
파닉스
Phonics

한동오 지음

글쓴이 한동오

한동오 선생님은 제7차 영어 교과서 개발에 참여한 바 있으며, 영어 교육 과정과 학교 시험에 정통해 있는 영어 교육 전문가입니다.
KD 강남대치영어학원 원장을 역임하였고, 치열한 영어 학원가에서도 잘 가르치는 선생님으로 소문난 명강사입니다.
미국 예일대학교 디베이트 협회(YDSL)와 ASFL 영어 디베이트 협회가 연계한 Coach 및 Judge 자격을 가지고 있으며,
영어 디베이트 대회 심사위원으로 활동하였습니다.

《기적의 파닉스》외에 여러 권의 영어 분야 베스트셀러를 집필하였고, 그동안 개발한 교재는 국내뿐만 아니라 미주 지역, 대만,
태국 등지에서 사용되어 왔으며, 캐나다 교육청(Fraser Cascade School Board)으로부터 프로그램 교류에 대한 감사장을 받았습니다.
또한 영어 학습법 분야에서 여러 개의 발명 특허를 획득하였으며 대한민국 발명가 대상, 캐나다 토론토 국제 선진기술협회장상,
말레이시아 발명 협회 MINDS 특별상, 국제지식재산권 교류회장상, 국제 CIGF 금상 등을 수상하였습니다.
그리고 학습법 발명 및 집필 공로로 대한민국 교육 분야 신지식인으로 공식 선정되었습니다.

저서로는 《기적의 파닉스》,《중학 필수 영단어 무작정 따라하기》,《바쁜 3·4학년을 위한 빠른 영단어》,
《중학영어 듣기 모의고사》,《특허받은 영어 비법 시리즈》,《미국교과서 영어따라쓰기》 등 다수가 있습니다.

그린이 진유현

고려대학교에서 영문학을 전공하고 디자인기획자와 영어교사로 일하다 오랜 꿈인 그림책 작가의 길로 들어선 후
지속적으로 어린이들을 위한 책과 장난감을 만들고 있습니다.

동물과 벌레를 탐구하고 혜성과 행성을 관찰하며 구름과 번개에 늘 관심을 갖게 되는데, 그 속에서 세상의 이치와
섭리를 아이들과 함께 기쁜 마음으로 배워나가는 중입니다.

주요 작품으로는 키즈엠 《꽃피는 봄이오면》, 그레이트 《밴드맨 출동!》, 튼튼영어 《ACHOO!》, 프뢰벨 《포포야, 어디 있니?》,
잉글리시에그 《A Good Cook》,《Uh-oh! I'm in Trouble!》,《One, Two, Three, Four, Five》 등이 있습니다.

Phonics Song

1

동물들과 놀아요
A는 애애 (Ant!)
B는 브브브 (Bear!)
C는 크크크 (Cat!)
D는 드드드 (Dog!)
진짜 진짜 파닉스

2

숲속에서 놀아요
E는 에에 (Elephant!)
F는 프프프 (Fox!)
G는 그그그 (Gorilla!)
H는 흐흐흐 (Hippo!)
진짜 진짜 파닉스

3

재미있게 놀아요
I는 이이 (Iguana!)
J는 줘줘줘 (Jaguar!)
K는 크크크 (Koala!)
L은 르르르 (Lion!)
재미있는 파닉스

4

즐겁게 놀아요
M은 므므 (Monkey!)
N은 느느느 (Nutria!)
O는 아아아 (Owl!)
P는 프프프 (Pig!)
재미있는 파닉스

5

우리 함께 놀아요
Q는 쿠어쿠어 (Quail!)
R은 뤄뤄뤄 (Rabbit!)
S는 스스스 (Sheep!)
T는 트트트 (Tiger!)
진짜 진짜 파닉스

6

모두 모두 놀아요
U는 유유 (Unicorn!)
V는 브브브 (Vulture!)
W는 워워워 (Wolf!)
X는 크스크스크스 (Fox!)
진짜 진짜 파닉스

7

진짜 진짜 놀아요
Y는 이어이어 (Yak!)
Z는 즈즈즈 (Zebra!)
할 수 있어, 파닉스!
재밌어, 파닉스!
진짜 진짜 파닉스

이 책의 구성과 특징 《아이 can 파닉스》 이렇게 학습해 보세요!

❶
재미있는 그림을 보고 간단한 질문에 답하며 학습 준비를 해요.

❷
오늘 학습해야 할 부분을 표시해요.

❸
동물 친구들과 알파벳 친구들의 도움을 받아 발음법을 익혀요. 영어 발음을 한글로 표기할 때 우리말에 맞지 않는 경우가 있지만 영어 발음법을 익히기 위해서 필요한 것이니까 참고해 주세요.

❹
손으로 알파벳을 쓰고, 입으로 발음해 가며 알파벳의 소리값을 익혀요.

❺
알파벳이 단어 속에서 어떻게 소리 나는지 듣고 따라 하며 익혀요.

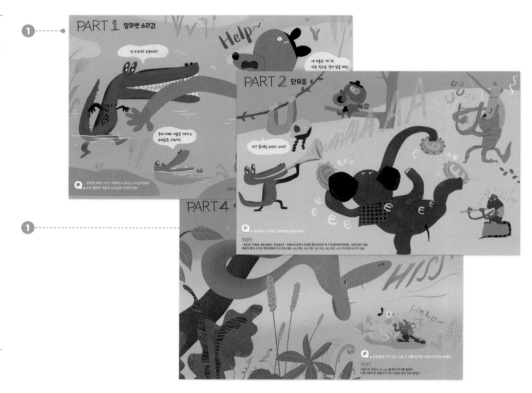

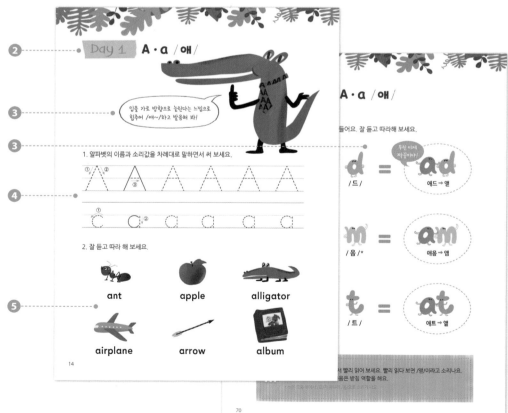

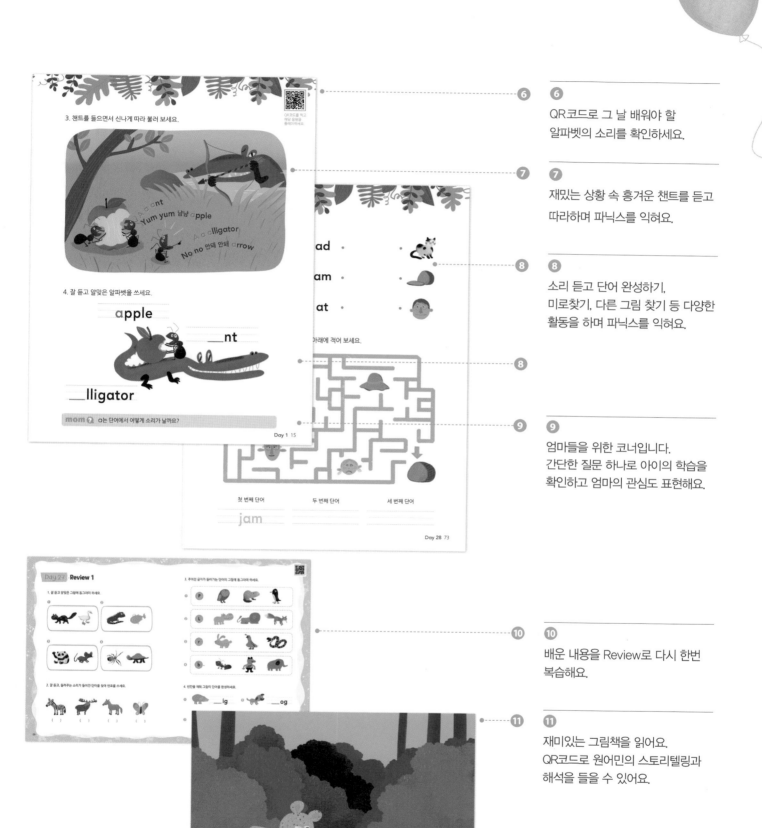

6

QR코드로 그 날 배워야 할
알파벳의 소리를 확인하세요.

7

재밌는 상황 속 흥겨운 챈트를 듣고
따라하며 파닉스를 익혀요.

8

소리 듣고 단어 완성하기,
미로찾기, 다른 그림 찾기 등 다양한
활동을 하며 파닉스를 익혀요.

9

엄마들을 위한 코너입니다.
간단한 질문 하나로 아이의 학습을
확인하고 엄마의 관심도 표현해요.

10

배운 내용을 Review로 다시 한번
복습해요.

11

재미있는 그림책을 읽어요.
QR코드로 원어민의 스토리텔링과
해석을 들을 수 있어요.

파닉스는 왜 배워야 하나요?

우리말은 'ㄱ', 'ㄴ'과 같은 자음이 모음 'ㅏ', 'ㅓ' 등과 만나 '가'나 '너'처럼 소리가 만들어집니다. 영어도 마찬가지로 영어 알파벳이 모여서 소리를 형성합니다. 예를 들어 /ㄱ/ 소리가 나는 g와 /오우/ 소리가 나는 o가 만나 /고우/라는 소리가 납니다. 하지만 영어는 한국어와 달리 그 발음 방법이 간단하지 않습니다. 그래서 영어권 국가에서는 문자를 보고도 읽지 못하는 사람들을 위해 발음법 교육을 시작했고 이것이 바로 파닉스입니다.

파닉스 학습의 본질은 발음을 공부하는 것이지만 파닉스를 학습한다는 것은 발음을 듣고 무슨 말인지 판단하고, 따라 말하고, 써보는 것까지 확대될 수 있습니다. 즉, 파닉스는 듣기, 말하기, 쓰기, 읽기 공부의 초석이 되는 기초 학습입니다.

《아이 can 파닉스》는 어떻게 다른가요?

《아이 can 파닉스》는 발음 규칙을 암기하는 것에 중점을 두지 않습니다. 아이들이 영어를 자연스럽게 말하는 법을 알아가게 합니다. 즉, 아이들이 발음 규칙들을 암기하고, 공식에 넣어 수학 문제 풀듯 영어를 읽는 것이 아니라 발음 규칙을 자연스럽게 내재화해서 영어 읽기 능력을 키웁니다. 또한 《아이 can 파닉스》는 아래와 같은 특징을 가지고 있습니다.

1. 단 한 권으로 파닉스를 마스터할 수 있어 단기간에 영어를 읽을 수 있습니다.

2. 발음이 형성되는 과정을 그림으로 알기 쉽게 설명하여 영어 소리에 금방 친숙해집니다.

3. 별도로 구성된 재미있는 창작 동화가 있어서 영어 읽기가 어느 정도 향상되었는지 확인할 수 있습니다.

4. 동화 작가가 그린 창의적이고 아름다운 그림이 학습의 흥미와 관심도를 높여줍니다.

이 책을 통해 소중한 우리 아이들이 파닉스를 올바로 이해하고 영어에 재미와 흥미를 느낄 수 있기를 진심으로 바랍니다.

글쓴이 한 동 오

차례

스토리북 《Where Are My Friends?》

PART 1 알파벳 소리값

Q. 알파벳 B에서 '비'는 이름이고 /브/는 소리값이에요.
A의 알파벳 이름과 소리값은 무엇인가요?

Day 1   A · a /애/

입을 가로 방향으로 늘린다는 느낌으로
힘주어 /애~/하고 발음해 봐!

1. 알파벳의 이름과 소리값을 차례대로 말하면서 써 보세요.

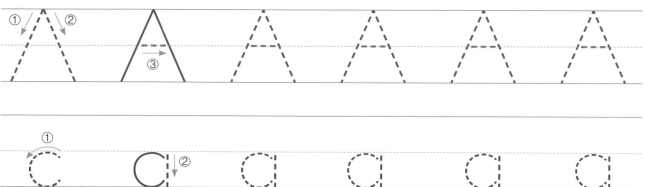

2. 잘 듣고 따라 해 보세요.

ant   **apple**   **alligator**

airplane   **arrow**   **album**

3. 챈트를 들으면서 신나게 따라 불러 보세요.

4. 잘 듣고 알맞은 알파벳을 쓰세요.

apple

_nt

_lligator

mom ? a는 단어에서 어떻게 소리가 날까요?

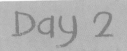 **B · b /브/**

윗 입술과 아랫 입술을
안쪽으로 마는 것처럼 모았다가
/브/하고 발음해 봐!

1. 알파벳의 이름과 소리값을 차례대로 말하면서 써 보세요.

①↓ ② B B B B B

③

①↓ ② b b b b b

2. 잘 듣고 따라 해 보세요.

bear

book

bag

butterfly

bird

ball

3. 챈트를 들으면서 신나게 따라 불러 보세요.

B b bear
Roll roll 굴려 굴려 ball
B b bird
Fun fun 재밌어 재밌어 butterfly

4. 잘 듣고 알맞은 알파벳을 쓰세요.

___ear

___ird

___utterfly

mom ❓ b는 단어에서 어떻게 소리가 날까요?

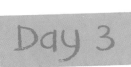

Day 3 C·c /ㅋ/

우리나라 말과 비슷하게
/ㅋ/하고 가볍게 발음해 봐!

1. 알파벳의 이름과 소리값을 차례대로 말하면서 써 보세요.

2. 잘 듣고 따라 해 보세요.

cat

camel

cow

corn

cap

cake

3. 챈트를 들으면서 신나게 따라 불러 보세요.

C c cow
Moo moo 음메 음메 camel
C c cat
Yum yum 냠냠 corn

4. 잘 듣고 알맞은 알파벳을 쓰세요.

＿＿at

＿＿ow

＿＿amel

mom❓ c는 단어에서 어떻게 소리가 날까요?

Day 4 D · d /드/

앞니 바로 뒤 딱딱한 부분에
혀를 살짝 댓다가 떼면서
/드/하고 소리내 봐!

1. 알파벳의 이름과 소리값을 차례대로 말하면서 써 보세요.

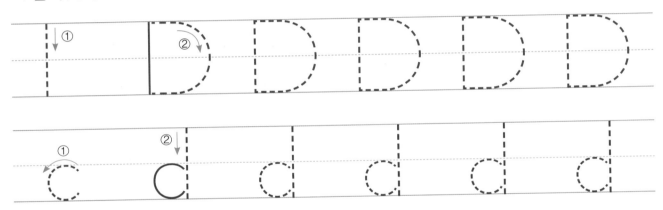

2. 잘 듣고 따라 해 보세요.

dog   duck   dad

doll   deer   dot

3. 챈트를 들으면서 신나게 따라 불러 보세요.

D d dog
Run run 달려 달려 duck

D d dad
Catch catch 잡아 잡아 deer

4. 잘 듣고 알맞은 알파벳을 쓰세요.

_____eer

_____uck

_____og

mom ? d는 단어에서 어떻게 소리가 날까요?

E·e /에/

검지 손가락 길이 만큼
입을 양쪽으로 벌리고
/에/하고 소리내 봐!

1. 알파벳의 이름과 소리값을 차례대로 말하면서 써 보세요.

2. 잘 듣고 따라 해 보세요.

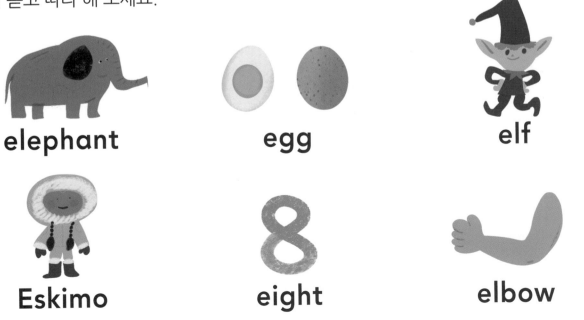

elephant

egg

elf

Eskimo

eight

elbow

3. 챈트를 들으면서 신나게 따라 불러 보세요.

E e egg
Count count 세어봐 세어봐 eight

E e Eskimo
Thanks thanks 고마워 고마워 elf

4. 잘 듣고 알맞은 알파벳을 쓰세요.

____lephant

____lf

____skimo

mom? e는 단어에서 어떻게 소리가 날까요?

F·f /ㅍ/

윗니로 아랫 입술을 살짝 물면서
/프/하고 바람 소리를 내 봐!

1. 알파벳의 이름과 소리값을 차례대로 말하면서 써 보세요.

2. 잘 듣고 따라 해 보세요.

flamingo   fish   frog

foot   four   fan

24

3. 챈트를 들으면서 신나게 따라 불러 보세요.

F f flamingo
No no 안돼 안돼 frog
F f fish
Hot hot 더워 더워 fan

4. 잘 듣고 알맞은 알파벳을 쓰세요.

__lamingo

__rog

__ish

mom❓ f는 단어에서 어떻게 소리가 날까요?

Day 7 · G·g /그/

입을 약간만 벌리고 /그/하고 소리를 내 봐!

1. 알파벳의 이름과 소리값을 차례대로 말하면서 써 보세요.

2. 잘 듣고 따라 해 보세요.

gorilla   **goat**   **girl**

gold   **gift**   **green**

3. 챈트를 들으면서 신나게 따라 불러 보세요.

G g gorilla
Oh yeah, oh yeah 아싸, 아싸 gift
G g girl
Paint paint 칠해 칠해 green

4. 잘 듣고 알맞은 알파벳을 쓰세요.

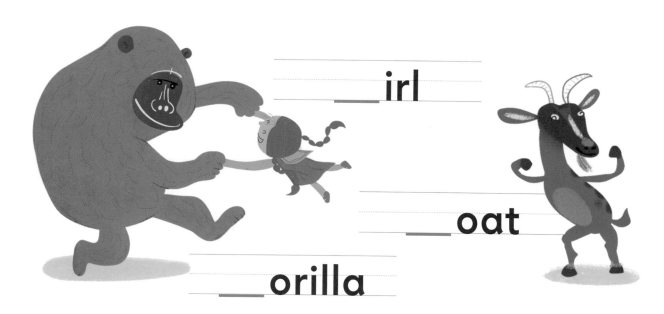

____irl

____oat

____orilla

mom❓ g는 단어에서 어떻게 소리가 날까요?

Day 8   H·h /흐/

1. 알파벳의 이름과 소리값을 차례대로 말하면서 써 보세요.

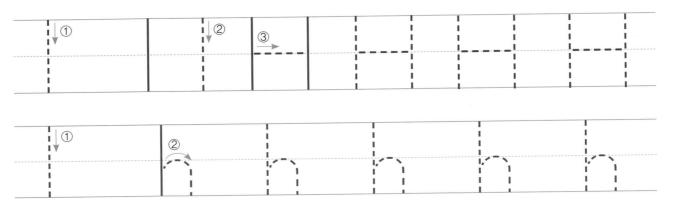

2. 잘 듣고 따라 해 보세요.

hippo   horse   hamster

ham   hat   hamburger

3. 챈트를 들으면서 신나게 따라 불러 보세요.

H h horse
Nice nice 멋져 멋져 hat

H h hippo
Yum yum 냠냠 hamburger

4. 잘 듣고 알맞은 알파벳을 쓰세요.

____ippo

____orse

____amburger

momℚ h는 단어에서 어떻게 소리가 날까요?

I · i / 이 /

입을 약간만 벌리고
/이/하고 소리를 내 봐!

1. 알파벳의 이름과 소리값을 차례대로 말하면서 써 보세요.

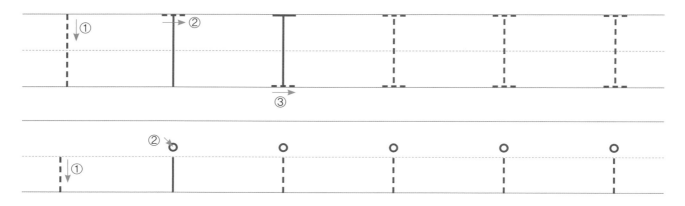

2. 잘 듣고 따라 해 보세요.

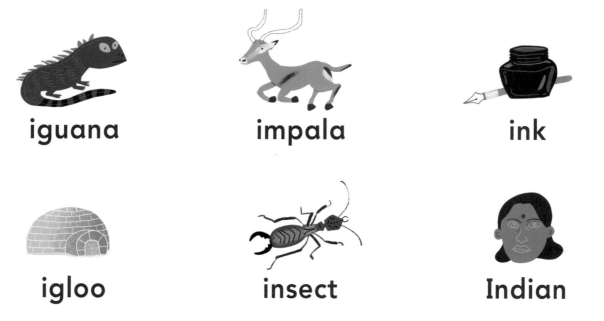

iguana   **impala**   **ink**

igloo   **insect**   **Indian**

30

3. 챈트를 들으면서 신나게 따라 불러 보세요.

Ii insect
Step step 밟아 밟아 ink
Ii impala
Stop stop 안돼 안돼 iguana

4. 잘 듣고 알맞은 알파벳을 쓰세요.

___mpala

___guana

___nsect

mom ? i는 단어에서 어떻게 소리가 날까요?

혀를 윗니 바로 뒤
딱딱한 부분에 댔다가 떼면서
/줘/하고 소리를 내 봐!

1. 알파벳의 이름과 소리값을 차례대로 말하면서 써 보세요.

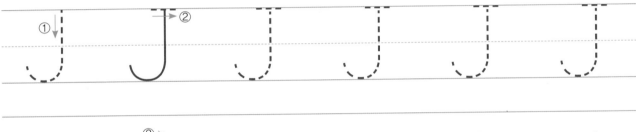

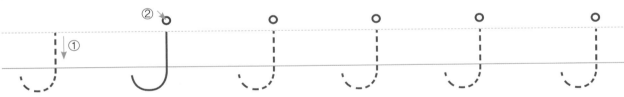

2. 잘 듣고 따라 해 보세요.

jaguar

jackal

jellyfish

jam

juice

jump

3. 챈트를 들으면서 신나게 따라 불러 보세요.

J j jackal
Giggle giggle 낄낄 jam
J j jellyfish
Gulp gulp 꿀꺽 꿀꺽 juice

4. 잘 듣고 알맞은 알파벳을 쓰세요.

___uice

___am

___ackal

mom ? j는 단어에서 어떻게 소리가 날까요?

Day 11 K·k /ㅋ/

앞에서 배운 C처럼 입을 조금 벌리고 /ㅋ/하고 소리를 내 봐!

1. 알파벳의 이름과 소리값을 차례대로 말하면서 써 보세요.

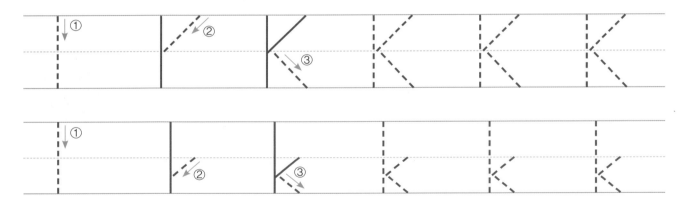

2. 잘 듣고 따라 해 보세요.

koala

kangaroo

kiwi

key

king

kick

3. 챈트를 들으면서 신나게 따라 불러 보세요.

K k kangaroo
Hard hard 세게 세게 kick
K k kiwi
Go go 아자 아자 koala

4. 잘 듣고 알맞은 알파벳을 쓰세요.

__angaroo

__oala

__iwi

mom? k는 단어에서 어떻게 소리가 날까요?

Day 12 L·l /르/

혀를 앞니 바로 뒷 부분에 대고
/르/하고 소리를 내 봐!

1. 알파벳의 이름과 소리값을 차례대로 말하면서 써 보세요.

2. 잘 듣고 따라 해 보세요.

lion

leopard

lizard

ladybug

lobster

lemon

3. 챈트를 들으면서 신나게 따라 불러 보세요.

ㄴㅣ lion
Scared scared 무서워 무서워 lobster
ㄴㅣ leopard
Hide hide 숨어 숨어 ladybug

4. 잘 듣고 알맞은 알파벳을 쓰세요.

___izard

___obster

___ion

mom ❓ l은 단어에서 어떻게 소리가 날까요?

입술을 굳게 다문 다음 콧소리를 내면서 /므/하고 소리를 내 봐!

1. 알파벳의 이름과 소리값을 차례대로 말하면서 써 보세요.

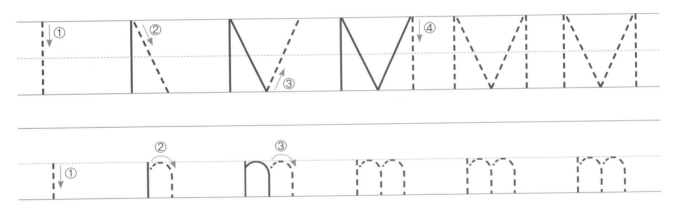

2. 잘 듣고 따라 해 보세요.

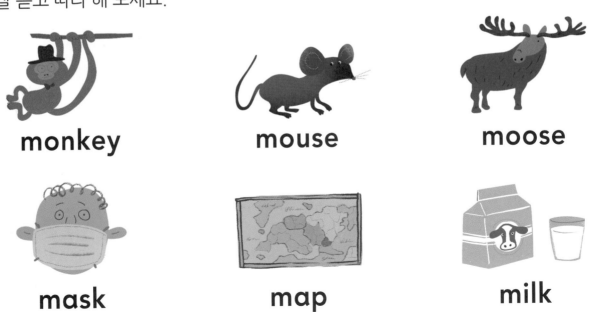

monkey   **mouse**   **moose**

mask   **map**   **milk**

3. 챈트를 들으면서 신나게 따라 불러 보세요.

M m m**onkey**
Bow bow 굽신 굽신 m**ilk**
M m m**ouse**
Good good 좋아 좋아 m**ask**

4. 잘 듣고 알맞은 알파벳을 쓰세요.

___**ask**

___**ouse**

___**onkey**

mom❓ m은 단어에서 어떻게 소리가 날까요?

Day 14 N · n /ㄴ/

우리말처럼 편하게 /느/하고
콧소리를 내면서 소리를 내 봐!

1. 알파벳의 이름과 소리값을 차례대로 말하면서 써 보세요.

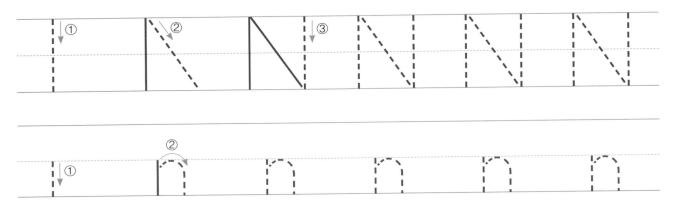

2. 잘 듣고 따라 해 보세요.

nutria

nightingale

nose

noodle

nine

nurse

3. 챈트를 들으면서 신나게 따라 불러 보세요.

N n nurse
Treat treat 고쳐 고쳐 nightingale
N n nutria
Ouch ouch 아야 아야 nose

4. 잘 듣고 알맞은 알파벳을 쓰세요.

____ose

____urse

____utria

mom? n은 단어에서 어떻게 소리가 날까요?

Day 15 O · o /아/

입을 오므리고
/아/하고 소리를 내 봐!

1. 알파벳의 이름과 소리값을 차례대로 말하면서 써 보세요.

2. 잘 듣고 따라 해 보세요.

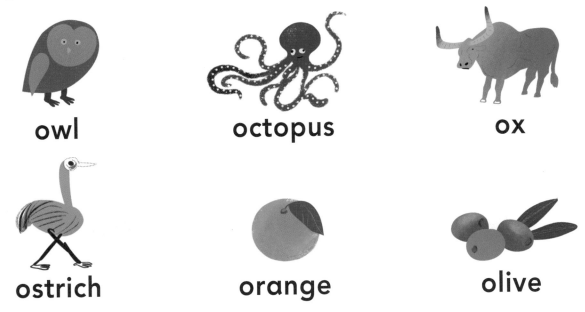

owl

octopus

ox

ostrich

orange

olive

3. 챈트를 들으면서 신나게 따라 불러 보세요.

O o ox
Sleepy sleepy 졸려 졸려 ostrich
O o octopus
Stop stop 멈춰 멈춰 owl

4. 잘 듣고 알맞은 알파벳을 쓰세요.

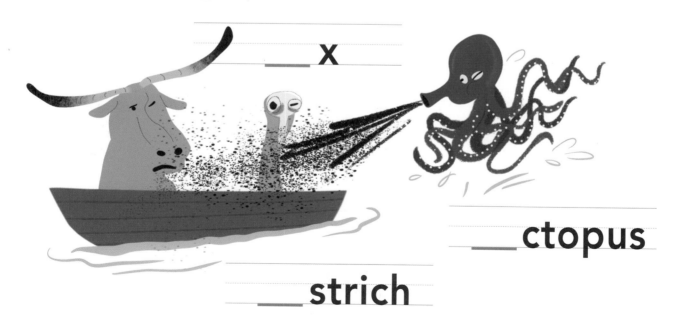

__x

__ctopus

__strich

mom? o는 단어에서 어떻게 소리가 날까요?

Day 16   P·p /프/

입술을 안으로 말았다가 /프/하고 소리를 내 봐!

1. 알파벳의 이름과 소리값을 차례대로 말하면서 써 보세요.

P P P P P P

p p p p p p

2. 잘 듣고 따라 해 보세요.

pig   panda   penguin

pizza   piano   pink

3. 챈트를 들으면서 신나게 따라 불러 보세요.

P p penguin
Plink plank 딩동 댕동 piano
P p pig
La la 랄라 랄라 pizza

4. 잘 듣고 알맞은 알파벳을 쓰세요.

__ig

__enguin

__izza

mom ? p는 단어에서 어떻게 소리가 날까요?

Day 17   Q·q /쿠어/

q는 항상 뒤에 u랑 같이 쓰여서
/쿠어/라고 발음해!

1. 알파벳의 이름과 소리값을 차례대로 말하면서 써 보세요.

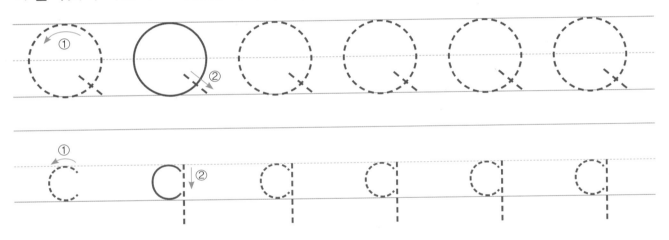

2. 잘 듣고 따라 해 보세요.

quail   queen   quiz

quilt   question   quiet

3. 챈트를 들으면서 신나게 따라 불러 보세요.

Q q quail
Who who 누구야 누구야 question
Q q queen
Sh sh 쉿 쉿 quiet

4. 잘 듣고 알맞은 알파벳을 쓰세요.

___uiet

___ueen

___uail

mom❓ q는 단어에서 어떻게 소리가 날까요?

R·r /뤄/

> 혀를 입천장 쪽으로 동그랗게 말면서
> /뤄/하고 소리를 내 봐!

1. 알파벳의 이름과 소리값을 차례대로 말하면서 써 보세요.

P R R R R

r r r r r

2. 잘 듣고 따라 해 보세요.

rabbit

racoon

ring

robot

rocket

rainbow

3. 챈트를 들으면서 신나게 따라 불러 보세요.

R r rabbit
Hand hand 손을 잡아 racoon
R r robot
Let's go, let's go 가자, 가자 rainbow

4. 잘 듣고 알맞은 알파벳을 쓰세요.

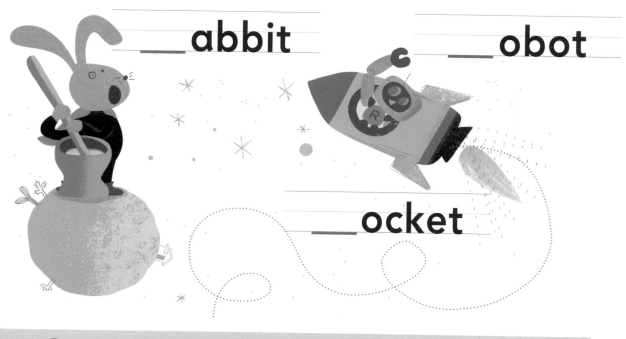

___abbit

___obot

___ocket

mom ? r은 단어에서 어떻게 소리가 날까요?

S·s /스/

혀를 입천장에 닿을 듯 말 듯 하면서
/스/하고 바람 소리를 내 봐!

1. 알파벳의 이름과 소리값을 차례대로 말하면서 써 보세요.

2. 잘 듣고 따라 해 보세요.

snake

spider

sun

star

soccer

sand

3. 챈트를 들으면서 신나게 따라 불러 보세요.

S s star

Sleepy sleepy 졸려 졸려 sun

S s spider

Good good 좋아 좋아 soccer

4. 잘 듣고 알맞은 알파벳을 쓰세요.

___occer

___pider

___nake

mom ☺ s는 단어에서 어떻게 소리가 날까요?

Day 20 T·t /트/

앞니 바로 뒤 딱딱한 부분에
혀를 살짝 댔다가 떼면서
/트/하고 소리를 내 봐!

1. 알파벳의 이름과 소리값을 차례대로 말하면서 써 보세요.

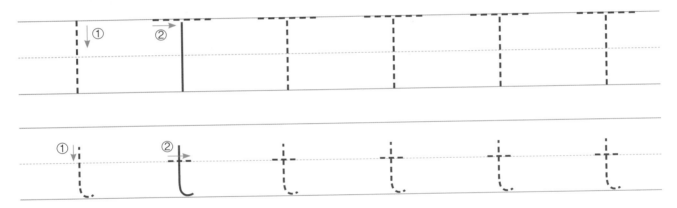

2. 잘 듣고 따라 해 보세요.

tiger

turtle

truck

tomato

table

tent

3. 챈트를 들으면서 신나게 따라 불러 보세요.

T t truck

Come on, come on 어서 와, 어서 와 tiger

T t turtle

Oh yeah, Oh yeah 좋아 좋아 tomato

4. 잘 듣고 알맞은 알파벳을 쓰세요.

_____ruck   _____iger

_____omato

mom ? t는 단어에서 어떻게 소리가 날까요?

Day 21 U·u /어/, /유/

입을 동그랗게 해서
/어/하고 소리를 내 봐!
/유/라고 소리날 때도 있어.

1. 알파벳의 이름과 소리값을 차례대로 말하면서 써 보세요.

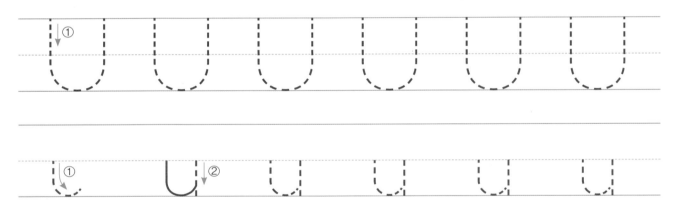

2. 잘 듣고 따라 해 보세요.

umbrella

uncle

up

under

unicorn

uniform

3. 챈트를 들으면서 신나게 따라 불러 보세요.

U u uniform
Desk desk 밑에 밑에 under

U u umbrella
Cabinet cabinet 위에 위에 up

4. 잘 듣고 알맞은 알파벳을 쓰세요.

___mbrella

___ncle

___nicorn

mom ? u는 단어에서 어떻게 소리가 날까요?

V · v /브/

> 윗니로 아랫 입술을 살짝 물면서
> /브/하고 바람 소리를 내 봐!

1. 알파벳의 이름과 소리값을 차례대로 말하면서 써 보세요.

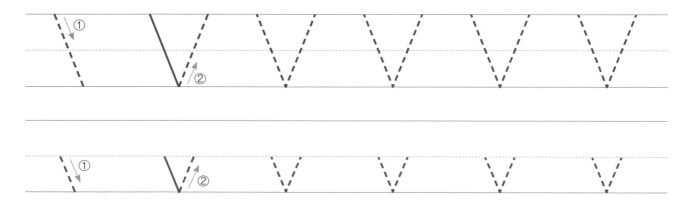

2. 잘 듣고 따라 해 보세요.

vulture   **vet**   **van**

violet   **violin**   **vest**

3. 챈트를 들으면서 신나게 따라 불러 보세요.

V v violet
Vroom vroom 부릉 부릉 van
V v vulture
Happy happy 즐거워 즐거워 violin

4. 잘 듣고 알맞은 알파벳을 쓰세요.

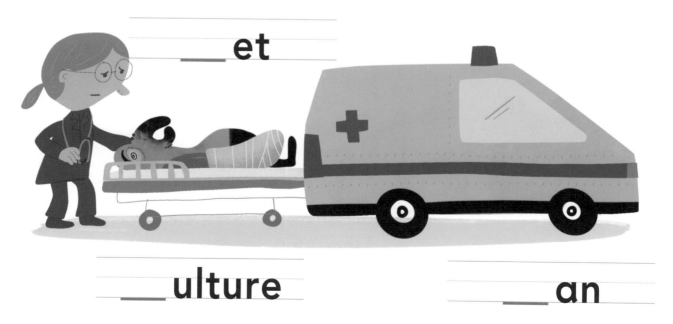

___et

___ulture

___an

mom ? v는 단어에서 어떻게 소리가 날까요?

'우'라고 하다가 /워/하고
강하게 소리를 내 봐!

1. 알파벳의 이름과 소리값을 차례대로 말하면서 써 보세요.

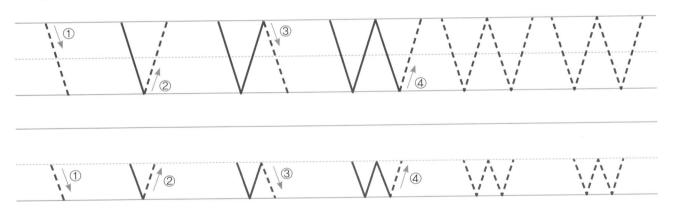

2. 잘 듣고 따라 해 보세요.

wolf

water

wizard

worm

watch

window

3. 챈트를 들으면서 신나게 따라 불러 보세요.

4. 잘 듣고 알맞은 알파벳을 쓰세요.

___ater

___olf

___orm

mom ? w는 단어에서 어떻게 소리가 날까요?

X · x /크스/

x로 시작하는 단어는 많지 않아.
어금니로 뭔가를 씹듯이 /크스/하고
강하게 소리를 내 봐!

1. 알파벳의 이름과 소리값을 차례대로 말하면서 써 보세요.

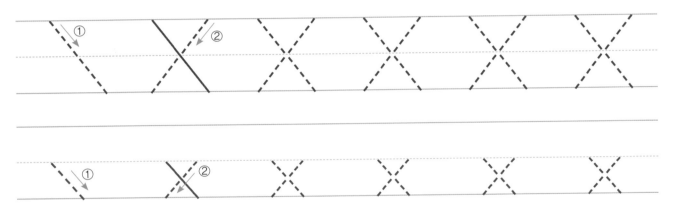

2. 잘 듣고 따라 해 보세요.

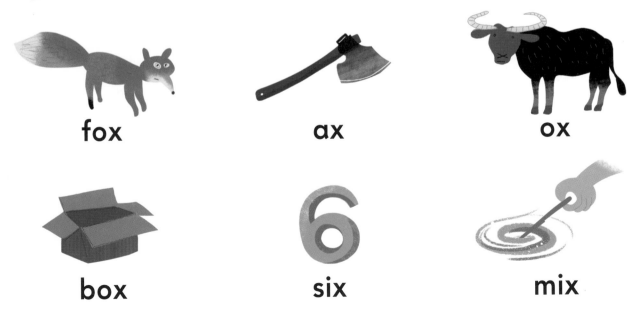

fox

ax

ox

box

six

mix

60

3. 챈트를 들으면서 신나게 따라 불러 보세요.

x x ox
Whir whir 섞어 섞어 mix
x x fox
What what 뭘까 뭘까 six

4. 잘 듣고 알맞은 알파벳을 쓰세요.

fo____

o____

bo____

mom ❓ x는 단어에서 어떻게 소리가 날까요?

Day 25 Y·y /이어/

/이/에서 시작해서
/어/까지 늘려 소리내 봐!

1. 알파벳의 이름과 소리값을 차례대로 말하면서 써 보세요.

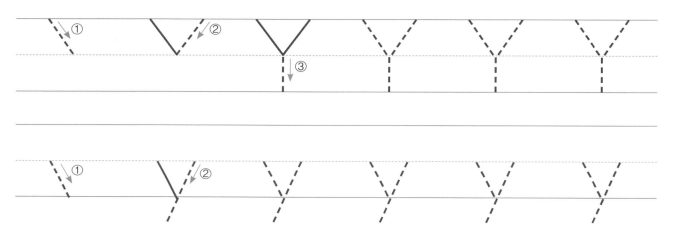

2. 잘 듣고 따라 해 보세요.

yak

yo-yo

yogurt

yes

yellow

yoga

3. 챈트를 들으면서 신나게 따라 불러 보세요.

Y y yellow
Fun fun 재밌어 재밌어 yo-yo
Y y yak
No no 안돼 안돼 yogurt

4. 잘 듣고 알맞은 알파벳을 쓰세요.

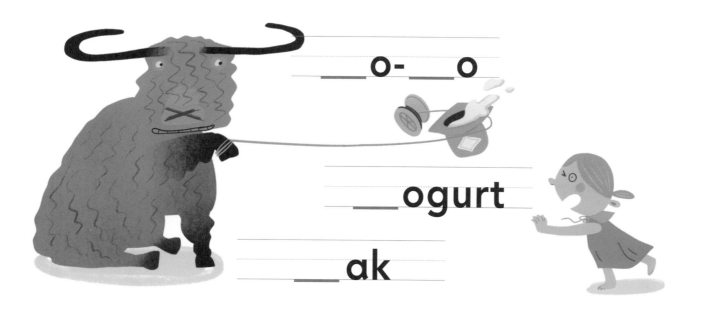

__o-__o

__ogurt

__ak

mom❓ y는 단어에서 어떻게 소리가 날까요?

Z · z /즈으/

윗니와 아랫니를 맞닿게 하면서
/즈으/하고 울리는 소리를 내 봐!

1. 알파벳의 이름과 소리값을 차례대로 말하면서 써 보세요.

2. 잘 듣고 따라 해 보세요.

zebra

zigzag

zoo

zip code

zero

zipper

3. 챈트를 들으면서 신나게 따라 불러 보세요.

Z z zoo
Nice nice 멋져 멋져 zigzag
Z z zipper
Same same 나도 나도 zebra

4. 잘 듣고 알맞은 알파벳을 쓰세요.

__oo

__ebra

__ig__ag

mom❓ z는 단어에서 어떻게 소리가 날까요?

Review 1

1. 잘 듣고 알맞은 그림에 동그라미 하세요.

❶   ❷

❸   ❹

2. 잘 듣고, 들려주는 소리로 시작하는 단어를 찾아 번호를 쓰세요.

( )   ( )   ( )   ( )

3. 주어진 글자가 들어가는 단어의 그림에 동그라미 하세요.

4. 빈칸을 채워 그림의 단어를 완성하세요.

① ___ig

② ___og

③ ___oala

④ ___iger

PART 2 단모음

어? 특이한 소리가 나네?

Q. 동물들이 연주하는 알파벳을 말해 보세요.

TIP!
ABCDEFGHIJKLMNOPQRSTUVWXYZ에서 모음은 빨간색으로 된 5개 알파벳이에요. (검은색은 자음)
모음이 짧게 소리날 때 단모음이라고 하는데요. a는 /애/, e는 /에/, i는 /이/, o는 /아/, u는 /어/라고 소리가 나요.

단모음 A · a /애/

1. 모음 A·a에 자음을 붙여 짝을 만들어요. 잘 듣고 따라해 보세요.

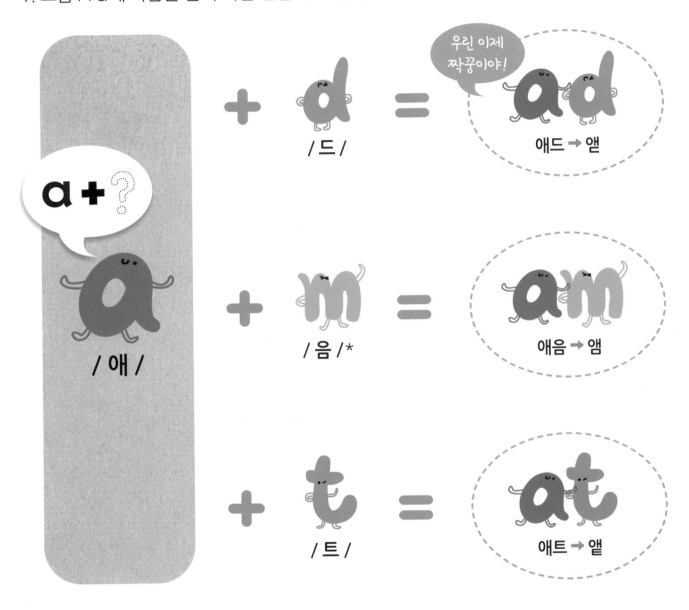

TIP a/애/ 뒤에 d/드/를 붙여서 빨리 읽어 보세요. 빨리 읽다 보면 /앧/이라고 소리나요.
이처럼 모음 뒤에 오는 자음은 받침 역할을 해요.
* m은 모음 뒤에서 /므/가 아니라 /음/으로 소리가 나요.

2. 짝이 된 ad, am, at 앞에 자음을 붙여서 단어를 만들어요. 잘 듣고 따라해 보세요.

잠깐! d/드/에 ad/앹/을 붙여서 빨리 읽어 보세요. 빨리 읽다 보면 dad/댇/이라고 소리가 납니다.

3. 챈트를 들으면서 신나게 따라 불러 보세요.

Jam and ham
Yummy yummy yummy

Cats like hats
Cool cool cool

Dad is sad
Boohoo boohoo boohoo

TIP
잼과 햄 // 맛있어 맛있어 맛있어
고양이가 모자를 좋아해 // 멋져 멋져 멋져
아빠는 슬퍼 // 엉엉엉

4. 알맞은 것끼리 연결해 보세요.

c •　　　• ad •　　　　

d •　　　• am •　　　　

h •　　　• at •　　　　

5. 미로를 찾아가면서 만나는 단어를 아래에 적어 보세요.

첫 번째 단어　　　　두 번째 단어　　　　세 번째 단어

jam

Day 29 단모음 E · e / 에 /

1. 모음 E·e에 자음을 붙여 짝을 만들어요. 잘 듣고 따라해 보세요.

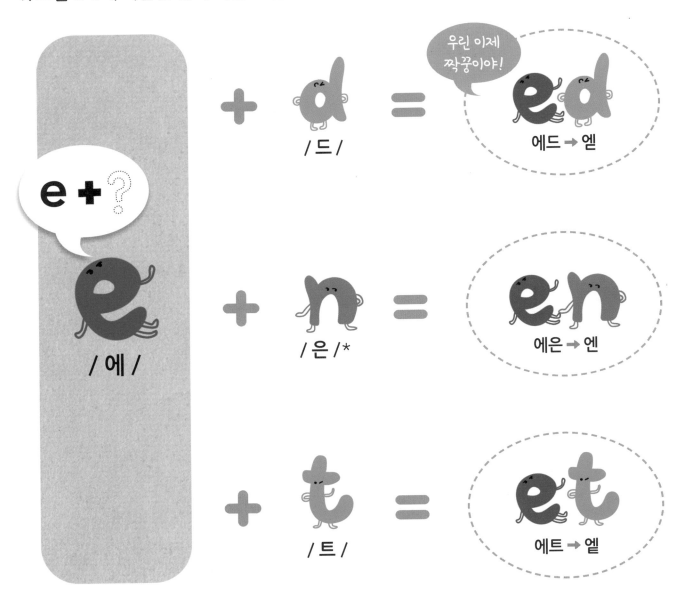

우린 이제 짝꿍이야!

e + ?

e / 에 /

+ d /드/ = ed 에드 ➡ 엗

+ n /은/* = en 에은 ➡ 엔

+ t /트/ = et 에트 ➡ 엗

TIP e/에/ 뒤에 t/트/를 붙여서 빨리 읽어 보세요. 빨리 읽다 보면 /엗/이라고 소리가 납니다.
이처럼 모음 뒤에 오는 자음은 받침 역할을 해요.
* n은 모음 뒤에서 /느/가 아니라 /은/으로 소리가 나요.

2. 짝이 된 ed, en, et 앞에 자음을 붙여서 단어를 만들어요. 잘 듣고 따라해 보세요.

잠깐! r/뤄/에 ed/엗/을 붙여서 빨리 읽어 보세요. 빨리 읽다 보면 red/뤤/이라고 소리가 납니다.

3. 챈트를 들으면서 신나게 따라 불러 보세요.

Ten hens
Cluck cluck cluck
A red bed
Pretty pretty pretty
The jet is in the net
Gosh gosh gosh

TIP
열 마리의 암탉 // 꼬꼬댁 꼬꼬댁 꼬꼬댁
빨간 침대 // 예뻐요 예뻐요 예뻐요
제트기가 그물에 갇혔어요 // 아이쿠 아이쿠 아이쿠

4. 알맞은 것끼리 연결해 보세요.

h •   • ed •   •

b •   • et •   •

n •   • en •   •

5. 숨어있는 자음과 짝을 찾아서 두 개의 단어를 완성한 후 아래에 적어 보세요.

열 마리의 암탉이 침대 위에 있어요.

Ten hens are on the _____.

Day 30 단모음 I·i /이/

1. 모음 I·i에 자음을 붙여 짝을 만들어요. 잘 듣고 따라해 보세요.

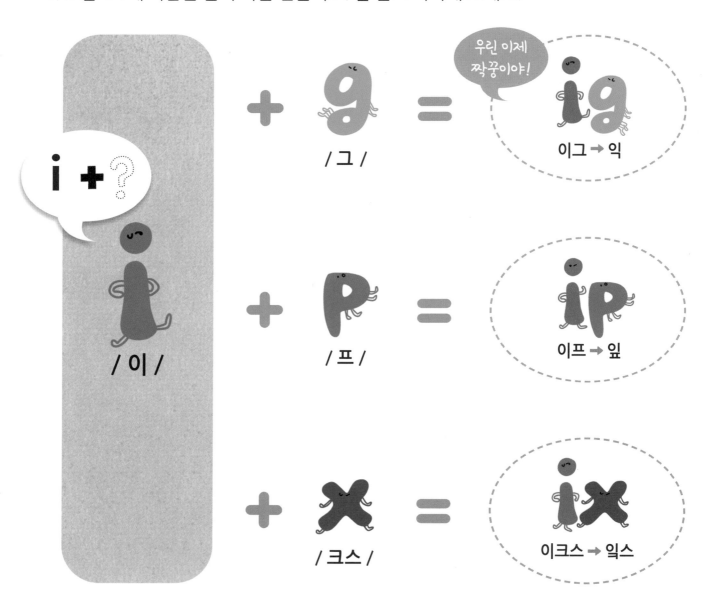

i + ?

/이/

우린 이제
짝꿍이야!

+ g /그/ = ig 이그 → 익

+ p /프/ = ip 이프 → 잎

+ x /크스/ = ix 이크스 → 익스

TIP /프/에 ig/익/을 붙여서 빨리 읽어 보세요.
빨리 읽다 보면 pig/픽/이라고 소리가 납니다.

2. 짝이 된 ig, ip, ix 앞에 자음을 붙여서 단어를 만들어요. 잘 듣고 따라해 보세요.

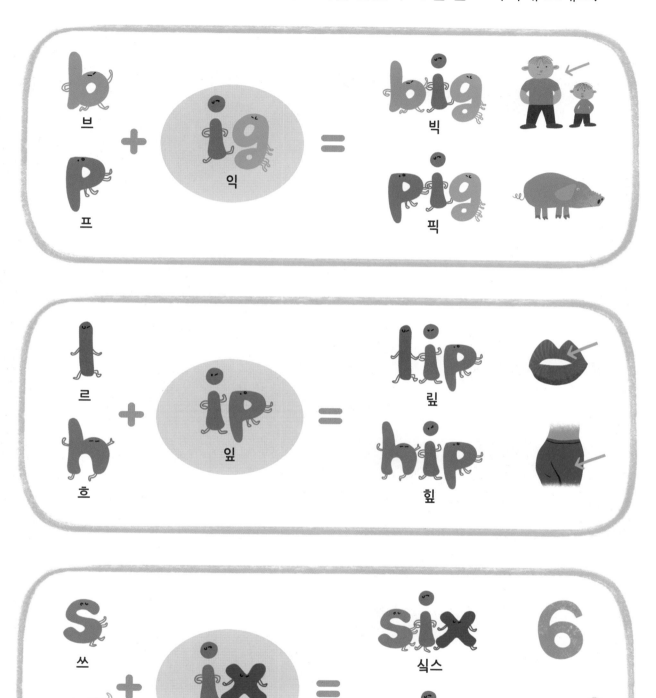

b 브
p 프

+ ig 익 =

big 빅
pig 픽

l 르
h 흐

+ ip 잎 =

lip 립
hip 힙

s 쓰
m 므

+ ix 익스 =

six 식스
6

mix 믹스

잠깐! i/이/ 뒤에 x/크스/를 붙여서 빨리 읽어 보세요. /크스/에서 /크/는 약하게, /스/는 강하게 발음하세요.
빨리 읽다 보면 /익스/라고 소리가 납니다. /크/는 받침으로 넣어서 소리내면 돼요.
맨 앞에 나오는 m은 /므/라고 소리가 나요.

3. 챈트를 들으면서 신나게 따라 불러 보세요.

A big pig
Sleepy sleepy sleepy

Hip and lip*

Sh sh sh

Mix six colors

Dark dark dark

TIP
커다란 돼지 // 졸려 졸려 졸려
허리에 (손), 입술에 (손) // 쉿 쉿 쉿
여섯 개 색을 섞어 // 어두워져 어두워져 어두워져
* 미국 유치원에서 한 손은 입에, 한 손은 엉덩이 부분(허리)에 손을 대고 조용히 걸을 때 사용하는 표현이에요.

4. 알맞은 것끼리 연결해 보세요.

l •   • ip •   •

p •   • ix •   •

s •   • ig •   •

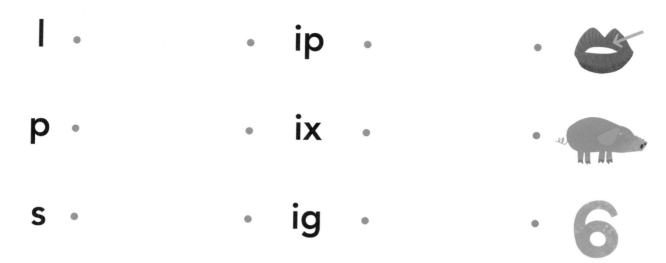

5. 다른 부분을 찾아 오른쪽 그림에 동그라미하고, 동그라미한 단어를 아래에 적으세요.

hip

1. 모음 O·o에 자음을 붙여 짝을 만들어요. 잘 듣고 따라해 보세요.

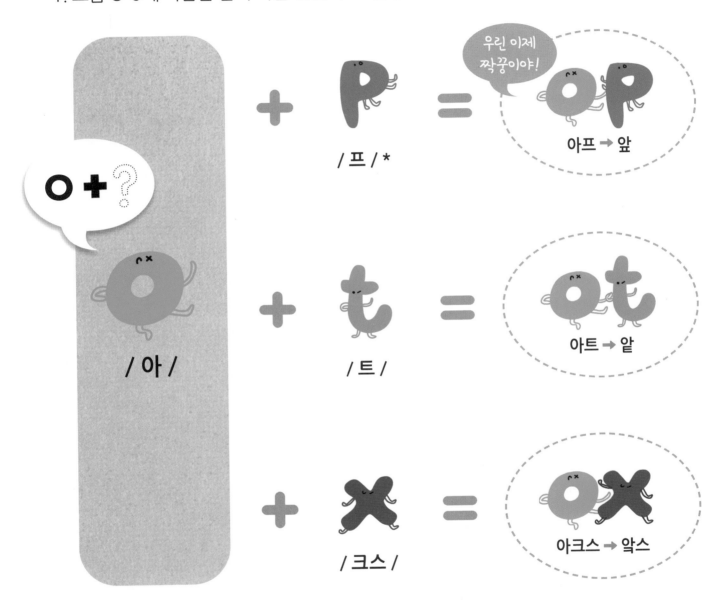

O+?

/ 아 /

/ 프 / *

우린 이제
짝꿍이야!

아프 ➝ 앞

/ 트 /

아트 ➝ 앝

/ 크스 /

아크스 ➝ 악스

TIP

o/아/ 뒤에 p/프/를 붙여서 빨리 읽어 보세요.
빨리 읽다 보면 /앞/으로 소리가 납니다. /프/는 받침으로 넣어서 소리내면 돼요.

* p는 입술을 안으로 말았다가 /프/하고 소리내고, f는 윗니로 아랫 입술을 살짝 물면서 /프/하고 내는
바람 소리예요.

2. 짝이 된 op, ot, ox 앞에 자음을 붙여서 단어를 만들어요. 잘 듣고 따라해 보세요.

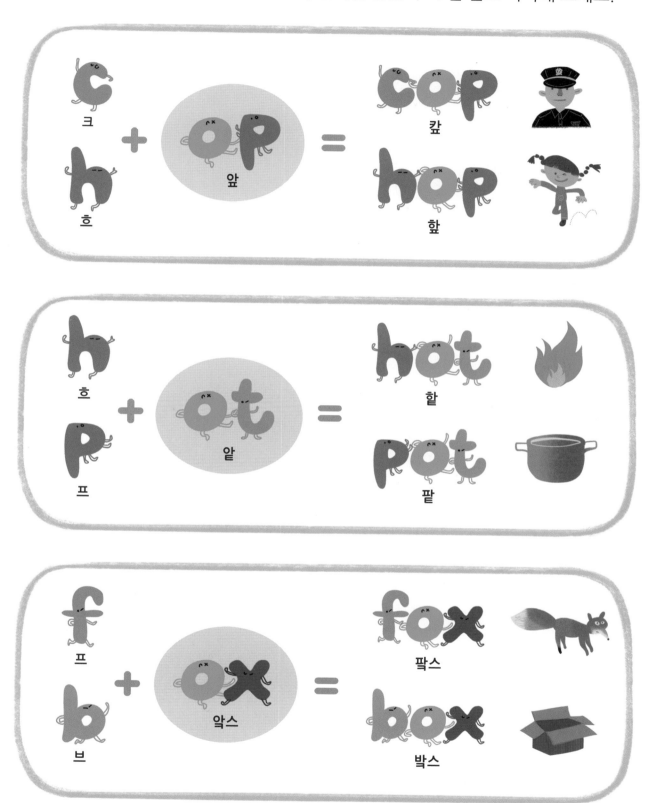

잠깐! c/크/에 op/앞/을 붙여서 빨리 읽어 보세요. 빨리 읽다 보면 cop/캎/이라고 소리가 납니다.

3. 챈트를 들으면서 신나게 따라 불러 보세요.

A hot pot
No no no

A cop hops
Ouch ouch ouch

A fox is in the box
Cute cute cute

4. 알맞은 것끼리 연결해 보세요.

p •   • op •

c •   • ox •

b •   • ot •

5. 다음 단어들을 찾아서 동그라미하고 한 번씩 쓰세요.

| fox | hot | hop | cop |

a s v x u x q a
r a h h o x q a
f z t c k t d c
o f a s c d b u
x s k u q e b q
r u h r h c v w
c q o s x t o p
t x p m h d x n

fox _____ _____

단모음 U · u /어/

1. 모음 U·u에 자음을 붙여 짝을 만들어요. 잘 듣고 따라해 보세요.

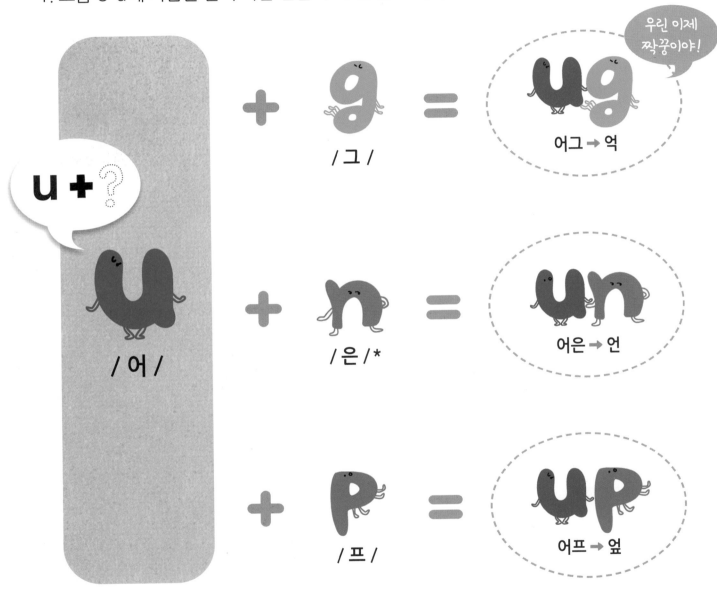

u + ?

u /어/

+ g /그/ = ug 어그 ➡ 억

우린 이제 짝꿍이야!

+ n /은/* = un 어은 ➡ 언

+ p /프/ = up 어프 ➡ 엎

TIP u/어/에 g/그/를 붙여서 빨리 읽어 보세요. 빨리 읽다 보면 /억/으로 소리가 납니다. /그/는 받침으로 넣어서 소리내면 돼요.

*n은 모음 뒤에서 /은/이라고 소리가 나요.

86

2. 짝이 된 ug, un, up 앞에 자음을 붙여서 단어를 만들어요. 잘 듣고 따라해 보세요.

b 브
m 므
+ ug 억
= bug 벅
mug 먹

r 뤄
s 쓰
+ un 언
= run 뤈
sun 썬

P 프
c 크
+ up 엎
= Pup 펖
cup 컵

잠깐! b/브/에 ug/억/을 붙여서 빨리 읽어 보세요. 빨리 읽다 보면 bug/벅/이라고 소리가 납니다.

3. 챈트를 들으면서 신나게 따라 불러 보세요.

I run under the sun
Hot hot hot

A pup is in the mug
Tiny tiny tiny

A bug is in the cup
Hi hi hi

4. 알맞은 것끼리 연결해 보세요.

m •　　　• un •　　　　　•

c •　　　• up •　　　　　•

s •　　　• ug •　　　　　•

5. 풍선에 있는 그림과 알파벳을 참고해서 아이들 아래에 단어를 쓰세요.

녹색 풍선의 단어	주황색 풍선의 단어	보라색 풍선의 단어	노란색 풍선의 단어
pup			

1. 잘 듣고 알맞은 그림에 동그라미 하세요.

2. 잘 듣고, 들려주는 소리가 들어간 단어를 찾아 번호를 쓰세요.

( )   ( )   ( )   ( )

3. 주어진 글자가 들어가는 단어의 그림에 동그라미 하세요.

① ox

② am

③ ix

④ un

4. 빈칸을 채워 그림의 단어를 완성하세요.

① h__t

② r__d

③ b____

④ r____

5. 잘 듣고 알맞은 그림과 연결하세요. 그리고 단어를 세 번씩 읽어보세요.

① 　　　　　　　 ① ② ③

② 　　　　　　　 ① ② ③

③ 　　　　　　　 ① ② ③

④ 　　　　　　　 ① ② ③

⑤ 　　　　　　　 ① ② ③

⑥ 　　　　　　　 ① ② ③

❗ 연필로 동그라미에 체크하며 단어를 세 번씩 읽어 보세요. ① ② ③

6. 잘 듣고 빈칸에 알맞은 단어를 써서 문장을 완성해 보세요.

❶

Dad is _____.

❷

A jet is in the _____.

❸

A _____ hops.

❹

A _____ is in the mug.

PART 3 장모음

매직 e를 찾아야 해!

난 매직 e라고 해!

Q. 를 찾아 동그라미 하세요.

TIP!
단어 맨 뒤에 나오는 e를 매직 e라고 불러요. 매직 e는 소리가 나지 않아요.
그런데 매직 e만 있으면 앞에 있는 모음은 알파벳 이름하고 똑같아 소리가 나요.
a는 /에이/, i 는 /아이/, o는 /오우/, u는 /유/라고 소리가 나요.
모음이 길게 소리날 때 장모음이라고 해요.

장모음 A·a / 에이 /

1. A·a에 자음과 매직e를 붙여 짝을 만들어요. 잘 듣고 따라해 보세요.

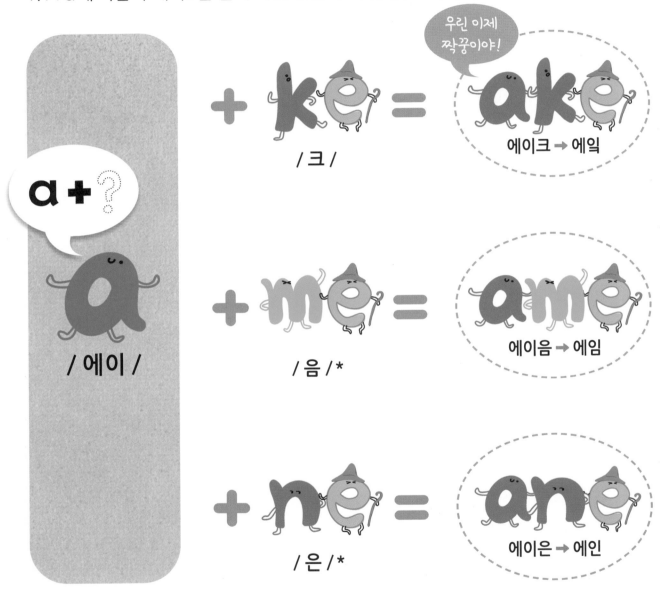

우린 이제 짝꿍이야!

a + ?

a / 에이 /

+ ke = ake
/ 크 /
에이크 → 에익

+ me = ame
/ 음 /*
에이음 → 에임

+ ne = ane
/ 은 /*
에이은 → 에인

TIP

맨 뒤에 나오는 매직 e는 소리가 나지 않아요. 그래서 a/에이/ 뒤에 나오는 ke는 /크/라고 소리가 나요. a/에이/와 ke/크/를 붙여서 빨리 읽어 보세요. 빨리 읽다 보면 /에익/으로 소리가 납니다. /크/는 받침으로 넣어서 소리내면 돼요.

* m과 n은 모음 뒤에서 /음/과 /은/이라고 소리가 나요.

2. 짝이 된 ake, ame, ane 앞에 자음을 붙여서 단어를 만들어요. 잘 듣고 따라해 보세요.

b 브
c 크
+ ake 에익 =
bake 베익
cake 케익

s 쓰
n 느
+ ame 에임 =
same 쎄임
name 네임

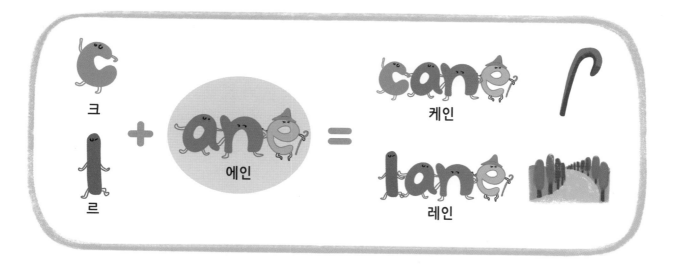

c 크
l 르
+ ane 에인 =
cane 케인
lane 레인

잠깐! b/브/에 ake/에익/을 붙여서 빨리 읽어 보세요. 빨리 읽다 보면 bake/베익/이라고 소리가 납니다.

3. 챈트를 들으면서 신나게 따라 불러 보세요.

Bake the cake
Sweet sweet sweet

Candy cone lane
Yahoo yahoo yahoo

Same name
Wow wow wow

MIKE

MIKE

TIP

케이크를 구워요 // 달콤해 달콤해 달콤해
지팡이 사탕 길 // 야호 야호 야호
똑같은 이름 // 우와 우와 우와

4. 알맞은 것끼리 연결해 보세요.

s •   • ake •   •

c •   • ame •   •

b •   • ane •   •

5. 미로를 찾아가면서 만나는 단어를 아래에 적어 보세요.

첫 번째 단어	두 번째 단어	세 번째 단어	네 번째 단어

장모음 I·i / 아이 /

1. I·i에 자음과 매직e를 붙여 짝을 만들어요. 잘 듣고 따라해 보세요.

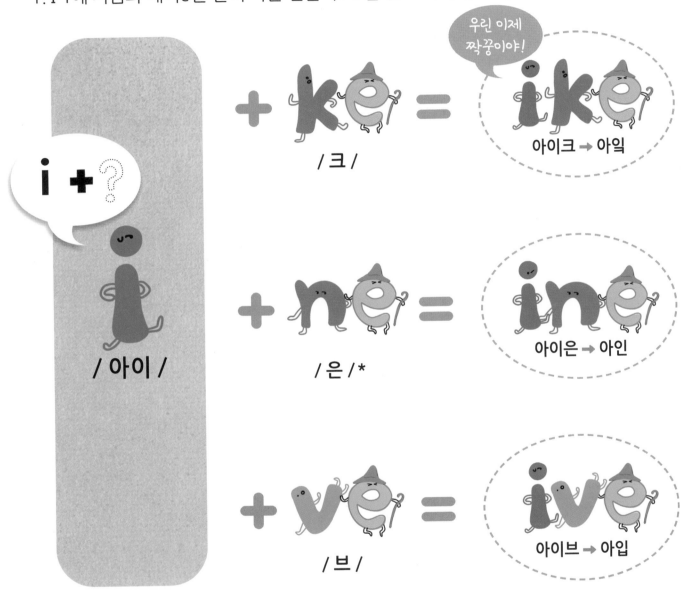

i + ?

/ 아이 /

우린 이제 짝꿍이야!

+ ke = ike
/ 크 /
아이크 → 아익

+ ne = ine
/ 은 /*
아이은 → 아인

+ ve = ive
/ 브 /
아이브 → 아입

TIP

맨 뒤에 나오는 e는 소리가 나지 않아요. 그래서 i/아이/ 뒤에 나오는 ke는 /크/라고 소리가 나요. i/아이/와 ke/크/를 붙여서 빨리 읽어 보세요. 빨리 읽다 보면 /아익/으로 소리가 납니다. /크/는 받침으로 넣어서 소리내면 돼요.

* n은 모음 뒤에서 /은/이라고 소리가 나요.

2. 짝이 된 ike, ine, ive 앞에 자음을 붙여서 단어를 만들어요. 잘 듣고 따라해 보세요.

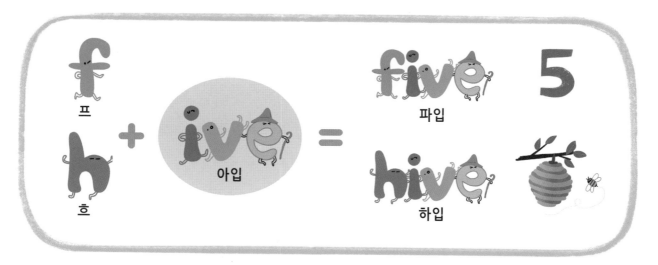

잠깐! b/브/에 ike/아익/을 붙여서 빨리 읽어 보세요. 빨리 읽다 보면 bike/바익/이라고 소리가 납니다.

3. 챈트를 들으면서 신나게 따라 불러 보세요.

I like bikes
Ring ring ring

Five hives
Buzz buzz buzz

Nine lines
Many many many

TIP
자전거가 좋아요 // 따르릉 따르릉 따르릉
벌집이 다섯 개 // 윙 윙 윙
선이 아홉 개 // 많아 많아 많아

4. 알맞은 것끼리 연결해 보세요.

f ·   · ike ·   · 5

b ·   · ine ·   · 9

n ·   · ive ·   ·

5. 숨어있는 자음과 짝을 찾아서 단어를 완성한 후 아래에 적어 보세요.

나는 그 자전거를 매우 많이 좋아한다.

I _____ the _____ very much.

장모음 O · o / 오우 /

1. O·o에 자음과 매직e를 붙여 짝을 만들어요. 잘 듣고 따라해 보세요.

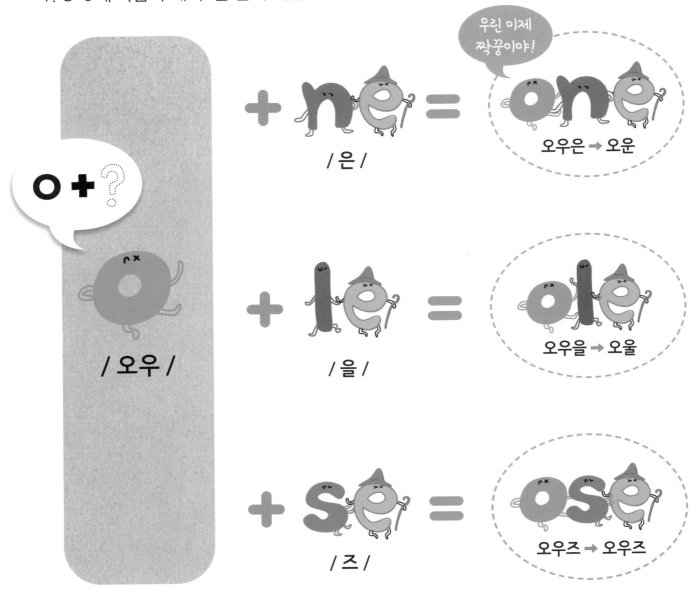

우린 이제 짝꿍이야!

O + ?

/ 오우 /

+ ne = one
/ 은 /
오우은 ➡ 오운

+ le = ole
/ 을 /
오우을 ➡ 오울

+ se = ose
/ 즈 /
오우즈 ➡ 오우즈

TIP
l은 모음 뒤에서 /을/이라고 소리가 나요.
ose/오우즈/는 빨리 읽어도 /오우즈/로 소리가 납니다.
장모음 뒤에 나오는 se는 /즈/로 소리가 나요.

104

2. 짝이 된 one, ole, ose 앞에 자음을 붙여서 단어를 만들어요. 잘 듣고 따라해 보세요.

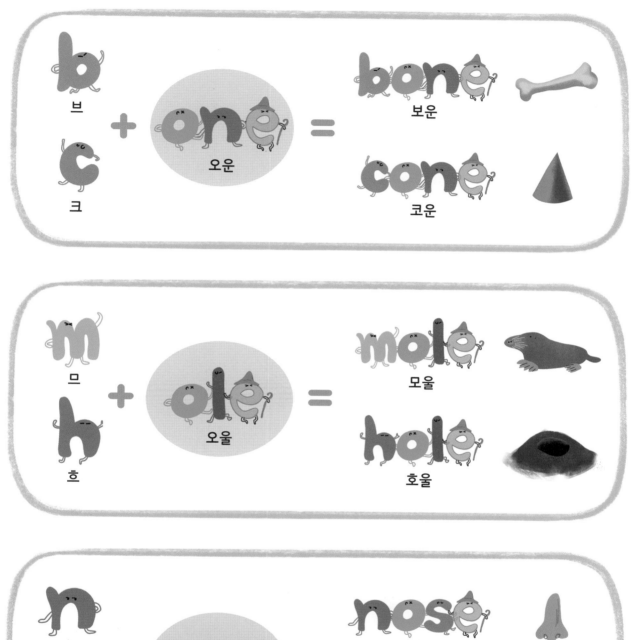

b 브
c 크
+ one 오운 =
bone 보운
cone 코운

m 므
h 흐
+ ole 오울 =
mole 모울
hole 호울

n 느
h 흐
+ ose 오우즈 =
nose 노우즈
hose 호우즈

잠깐! b/브/에 one/오운/을 붙여서 빨리 읽어 보세요. 빨리 읽다 보면 bone/보운/이라고 소리가 납니다.

3. 챈트를 들으면서 신나게 따라 불러 보세요.

My nose is a hose
Hum hum hum

A mole is in the hole
Splash splash splash

A bone is on the dog cone*
Sad sad sad

TIP

내 코가 호스죠 // 흥얼 흥얼 흥얼
두더지가 구멍 안에 있어요 // 첨벙 첨벙 첨벙
뼈가 넥칼라 위에 있어요 // 슬퍼요 슬퍼요

* dog cone(강아지 넥칼라)은 목에 쓰는 고깔 모양의 장비로 강아지가 수술 후 수술 부위를 핥는 것을 막기 위해 사용해요.

106

4. 알맞은 것끼리 연결해 보세요.

m   •   • ose •

c   •   • ole •

h   •   • one •

5. 다른 부분을 찾아 오른쪽 그림에 동그라미하고, 동그라미한 단어를 아래에 적으세요.

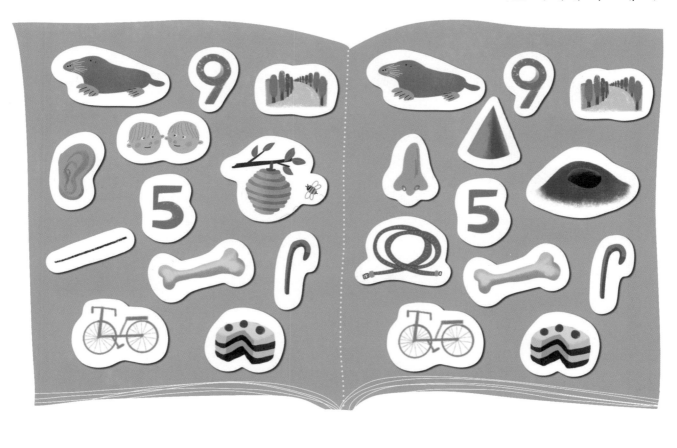

_____ _____ _____ _____

장모음 U·u /유우/

1. U·u에 자음과 매직e를 붙여 짝을 만들어요. 잘 듣고 따라해 보세요.

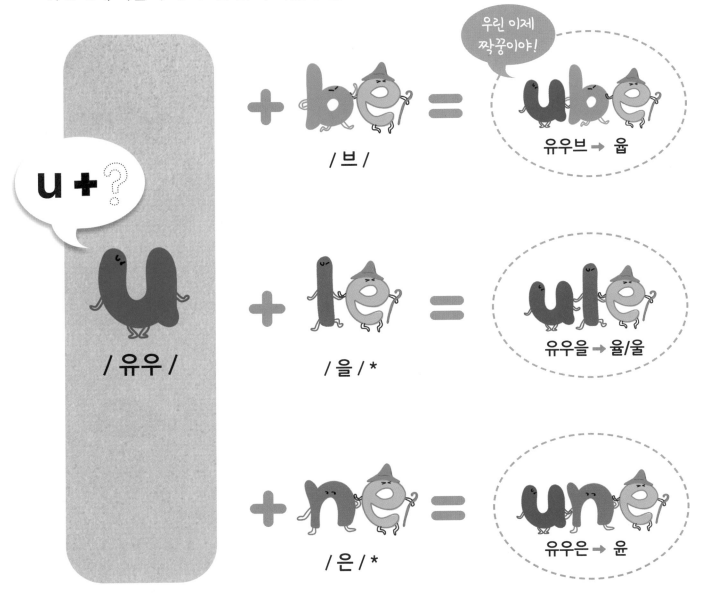

우린 이제 짝꿍이야!

u + ?

u /유우/

+ be /브/ = ube 유우브 → 웁

+ le /을/* = ule 유우을 → 율/울

+ ne /은/* = une 유우은 → 윤

TIP u/유우/와 be/브/를 붙여서 빨리 읽어 보세요. 빨리 읽다 보면 /웁/으로 소리가 납니다. /브/는 받침으로 넣어서 소리내면 돼요.
*l은 모음 뒤에서 /을/, n은 모음 뒤에서 /은/이라고 소리가 나요.

2. 짝이 된 ube, ule, une 앞에 자음을 붙여서 단어를 만들어요. 잘 듣고 따라해 보세요.

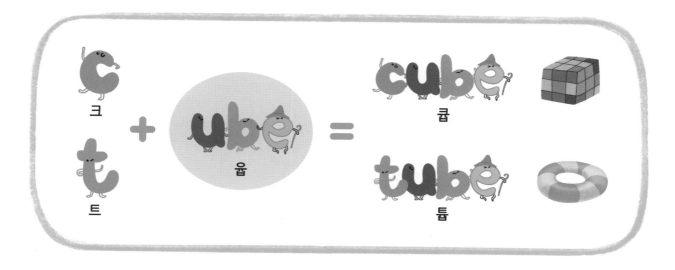

c 크
t 트

+

ube 읍

=

cube 큐브

tube 튜브

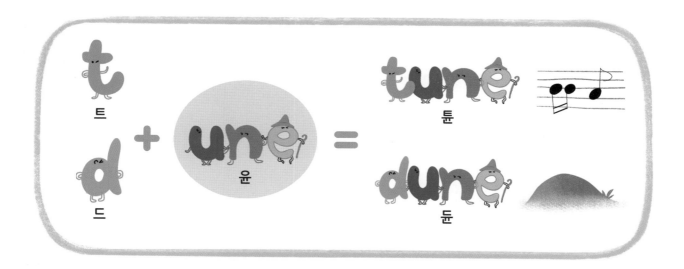

m 므
r 르

+

ule 율/울

=

mule 뮬

rule 룰

Rules
1. _____
2. _____
3. _____

t 트
d 드

+

une 윤

=

tune 튠

dune 듄

잠깐! c/크/에 ube/읍/을 붙여서 빨리 읽어 보세요. 빨리 읽다 보면 cube/큐브/이라고 소리가 납니다.

3. 챈트를 들으면서 신나게 따라 불러 보세요.

The cube and the tube
Fun fun fun

The mules don't know the rules
No no no

Tunes in the dunes
Good good good

TIP
큐브와 튜브 놀이 // 재밌어 재밌어 재밌어
노새는 규칙을 몰라요 // 안돼 안돼 안돼
언덕에서 음악이 흘러요 // 좋아 좋아 좋아

4. 알맞은 것끼리 연결해 보세요.

c •   • une •   •

d •   • ule •   •

m •   • ube •   •

5. 다음 단어들을 찾아서 동그라미 하고 한 번씩 쓰세요.

| rule | tune | mule | tube |

z	e	o	x	P	e	k	w
j	d	f	y	q	c	z	P
g	c	t	u	b	e	h	z
y	r	k	k	w	d	n	d
x	u	x	w	y	c	z	m
w	l	f	c	q	x	w	u
e	e	w	o	y	f	q	l
c	d	z	x	t	u	n	e

_____   _____   _____   _____

_____   _____   _____   _____

1. 잘 듣고 알맞은 그림에 동그라미 하세요.

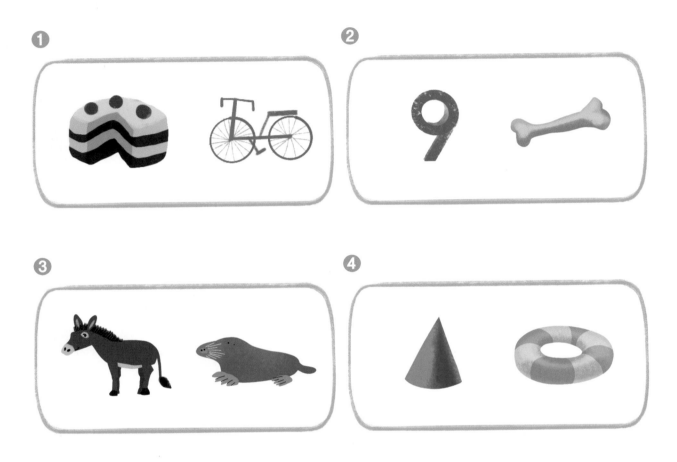

2. 잘 듣고, 들려주는 소리가 들어간 단어를 찾아 번호를 쓰세요.

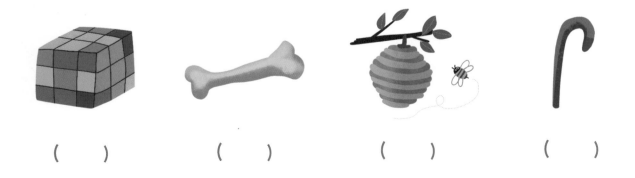

( )　　　　( )　　　　( )　　　　( )

3. 주어진 글자가 들어가는 단어의 그림에 동그라미 하세요.

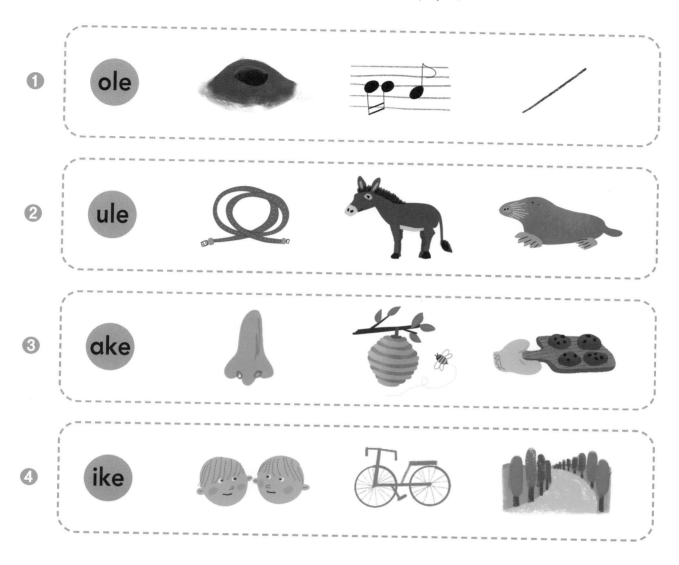

① ole

② ule

③ ake

④ ike

4. 빈칸을 채워 그림의 단어를 완성하세요.

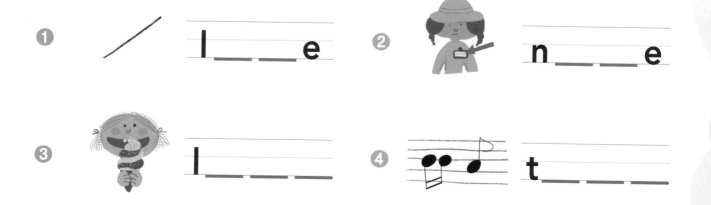

① l__ __ e

② n__ __ __ e

③ l__ __ __ __

④ t__ __ __ __ __

5. 잘 듣고 알맞은 그림과 연결하세요. 그리고 단어를 세 번씩 읽어보세요.

①  •

•  ① ② ③

② •

• 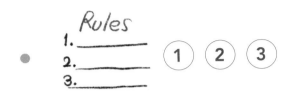 ① ② ③

③ •

•  ① ② ③

④ •

• 𝟵 ① ② ③

⑤ •

• ① ② ③

⑥ •

•  ① ② ③

❗ 연필로 동그라미에 체크하며 단어를 세 번씩 읽어 보세요. ① ② ③

114

6. 다음 퍼즐에서 들려주는 단어를 찾고, 빈칸에 단어를 써 보세요.

c	d	o	m	k	y	h
s	v	w	m	x	z	i
r	b	q	o	p	s	v
p	r	u	l	e	p	e
b	a	k	e	y	l	k
m	c	a	s	g	h	b
r	x	q	w	t	h	a

❶ _____

❷ _____

❸ _____

❹ _____

PART 4 이중 자음

Q. 동물들에 적혀 있는 자음 두 개를 알파벳 이름으로 읽어 보세요.

TIP!

자음이란 모음 a, e, i, o, u를 뺀 나머지를 말해요.
이중 자음이란 자음이 두 개가 나란히 있는 것을 말해요.

이중 자음 bl, fl, gl, sl

1. 여러 자음 뒤에 l을 붙여 짝을 만들어요. 잘 듣고 따라해 보세요.

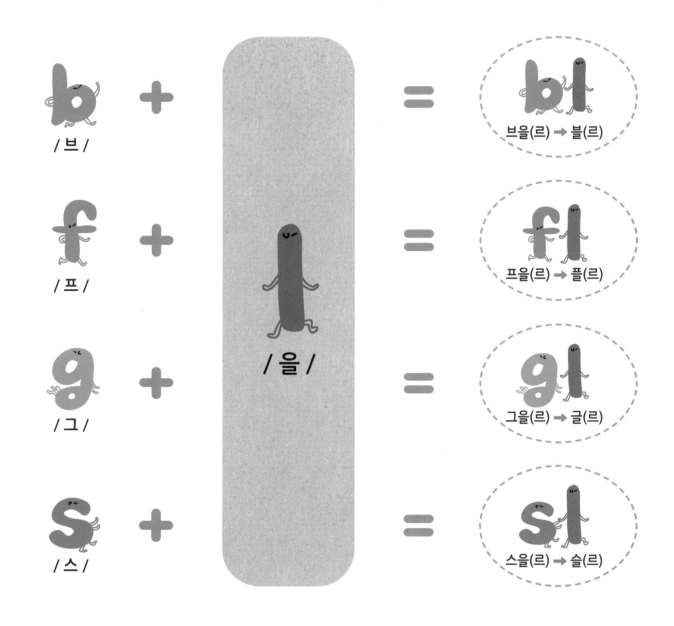

b
/ 브 /

f
/ 프 /

g
/ 그 /

s
/ 스 /

l
/ 을 /

bl
브을(르) ➡ 블(르)

fl
프을(르) ➡ 플(르)

gl
그을(르) ➡ 글(르)

sl
스을(르) ➡ 슬(르)

TIP b/브/와 l/을/을 붙여서 빨리 읽어 보세요. 빨리 읽다 보면 /블/로 소리가 납니다.
l은 자음 뒤에서도 /을/이라고 소리가 나요.

2. 짝이 된 bl, fl, gl, sl 뒤에 다른 알파벳들을 붙여서 단어를 만들어요. 잘 듣고 따라해 보세요.

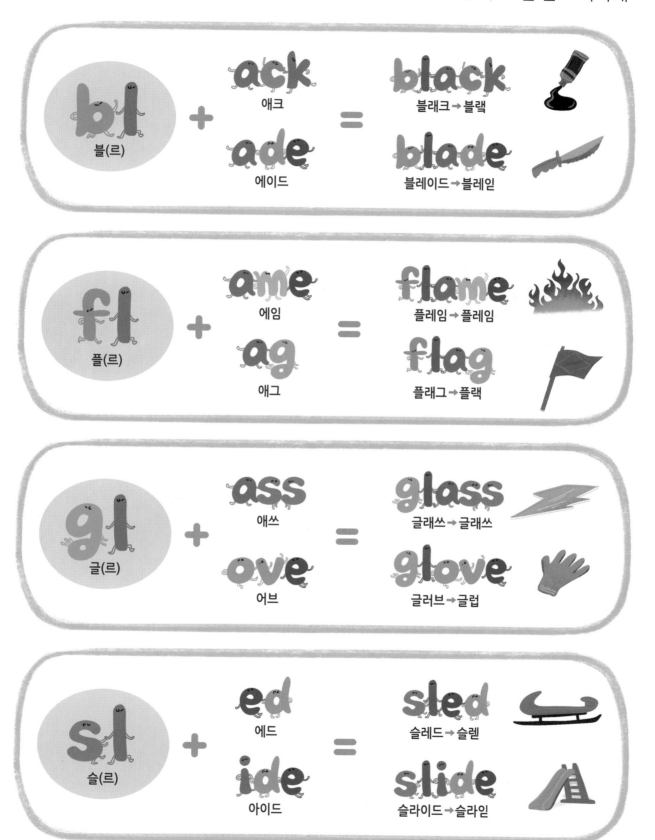

bl
블(르)

+

ack
애크

ade
에이드

=

black
블래크 ➡ 블랙

blade
블레이드 ➡ 블레잍

fl
플(르)

+

ame
에임

ag
애그

=

flame
플레임 ➡ 플레임

flag
플래그 ➡ 플랙

gl
글(르)

+

ass
애쓰

ove
어브

=

glass
글래쓰 ➡ 글래쓰

glove
글러브 ➡ 글럽

sl
슬(르)

+

ed
에드

ide
아이드

=

sled
슬레드 ➡ 슬렏

slide
슬라이드 ➡ 슬라읻

잠깐! bl/블/에 ack/애크/를 붙여서 빨리 읽어 보세요. 빨리 읽다 보면 black/블랙/이라고 소리가 납니다.

3. 챈트를 들으면서 신나게 따라 불러 보세요.

A black blade
Careful careful careful
Glass gloves*
Careful careful careful
A flame flag
Nice nice nice
The sled slides
Fun fun fun

TIP 검은 칼날 // 조심해 조심해 조심해   유리 장갑 // 조심해 조심해 조심해
불꽃 깃발 // 멋져 멋져 멋져   썰매 씽씽 // 재밌어 재밌어 재밌어
* glass gloves는 유리나 날카로운 것 등을 만질 때 쓰는 안전 장갑을 말해요.

120

4. 알맞은 것끼리 연결해 보세요.

sl •   • ag •   •

bl •   • ack •   •

fl •   • ed •   •

5. 워터 슬라이드를 타고 가서 만나는 단어를 아래에 적어 보세요.

녹색 워터 슬라이드의 단어   파란색 워터 슬라이드의 단어   노란색 워터 슬라이드의 단어

_____   _____   _____

_____   _____   _____

Day 40 이중 자음 br, cr, fr, tr

1. 여러 자음 뒤에 r을 붙여 짝을 만들어요. 잘 듣고 따라해 보세요.

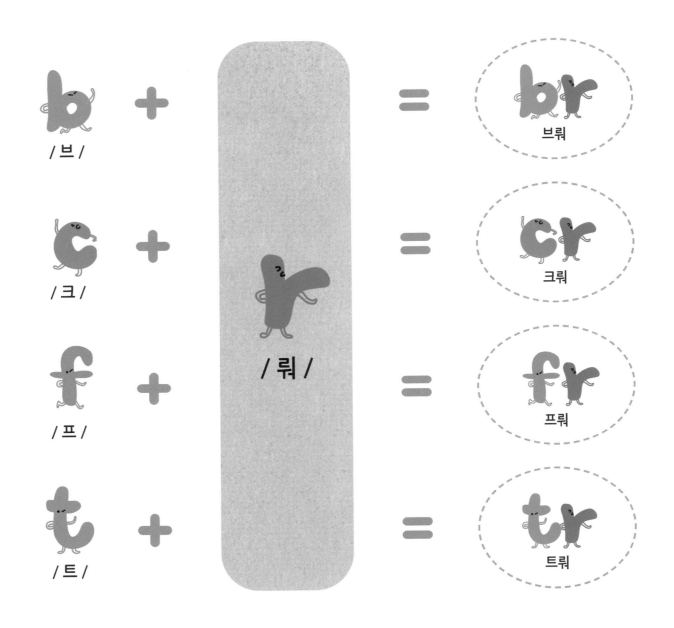

> **TIP** b/브/와 r/뤄/를 붙여서 빨리 읽어 보세요. br/브뤄/에 own/아운/을 붙여서 빨리 읽어 보세요. 빨리 읽다 보면 brown/브라운/이라고 소리가 납니다.

122

2. 짝이 된 br, cr, fr, tr 뒤에 다른 알파벳들을 붙여서 단어를 만들어요. 잘 듣고 따라해 보세요.

br 브뤄 + **own** 아운 = **brown** 브뤄아운 → 브롸운

br 브뤄 + **ead** 에드 = **bread** 브뤄에드 → 브뤠드

cr 크뤄 + **ab** 앱 = **crab** 크뤄앱 → 크뢥

cr 크뤄 + **own** 아운 = **crown** 크뤄아운 → 크롸운

fr 프뤄 + **og** 악 = **frog** 프뤄악 → 프롹

fr 프뤄 + **iend** 옌드 = **friend** 프뤄옌드 → 프뤤드

tr 트뤄 + **ain** 에인 = **train** 트뤄에인 → 트뤠인

tr 트뤄 + **uck** 억 = **truck** 트뤄억 → 트뤅

잠깐! brown, crown에 있는 ow와 bread에 있는 ea의 발음은 PART 5 이중 모음에서 자세히 배울 거예요.

3. 챈트를 들으면서 신나게 따라 불러 보세요.

The crab wears a crown
Nice nice nice
The frog is my friend
Best best best

A road train truck* goes
Vroom vroom vroom

Brown bread
Yum yum yum

TIP 게가 왕관을 쓰고 있어요 // 멋져 멋져 멋져   개구리는 내 친구 // 최고 최고 최고
로드 트레인 트럭이 지나가요 // 부릉 부릉 부릉   갈색 빵 / 냠 냠 냠
* road train truck(로드 트레인 트럭)은 대형 트럭에 짐을 실을 수 있도록 칸을 연결시켜 만든 화물차예요.

4. 알맞은 것끼리 연결해 보세요.

br •   • **ab** •

cr •   • **iend** •

fr •   • **ead** •

5. 같은 그림이 두 번 나온 것을 찾아 동그라미하고, 단어를 적어 보세요.

_____   _____

Day 41 이중 자음 sm, sn, st, sw

1. s 뒤에 여러 자음을 붙여 짝을 만들어요. 잘 듣고 따라해 보세요.

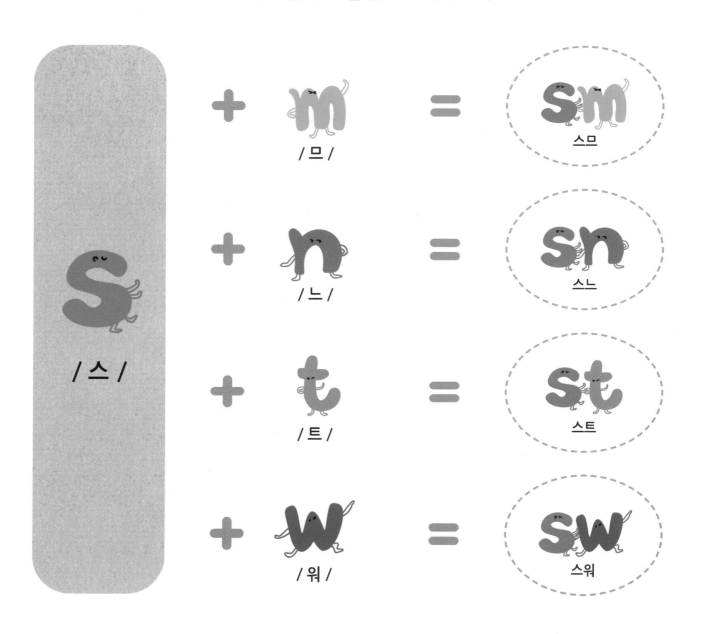

TIP s/스/와 m/므/를 붙여서 빨리 읽어 보세요. 그리고 sm/스므/에 ell/엘/을 붙여서 빨리 읽어 보세요. 빨리 읽다 보면 smell/스멜/이라고 소리가 납니다.

2. 짝이 된 sm, sn, st, sw 뒤에 다른 알파벳들을 붙여서 단어를 만들어요. 잘 듣고 따라해 보세요.

sm
스므
+ ell
엘
= smell
스므엘 ➔ 스멜
+ ile
아일
= smile
스므아일 ➔ 스마일

sn
스느
+ ake
에익
= snake
스느에익 ➔ 스네익
+ ack
액
= snack
스느액 ➔ 스낵

st
스트
+ one
오운
= stone
스트오운 ➔ 스톤
+ ove
오우브
= stove
스트오우브 ➔ 스토브

sw
스워
+ an
안
= swan
스워안 ➔ 스완
+ im
임
= swim
스워임 ➔ 스윔

잠깐! swan에서 a는 앞에 w와 합쳐져서 /와/라고 소리나요.
비슷한 예로, 우리말로 "우와!"하고 감탄하는 말인 wow/와우/가 있어요.

3. 챈트를 들으면서 신나게 따라 불러 보세요.

A stone stove*
Hot hot hot
I smell and smile
Good good good

The snake likes snacks
Yum yum yum

A swan swims
Nice nice nice

TIP 돌 난로 // 뜨거워 뜨거워 뜨거워 냄새 맡고 미소 지어 // 좋아 좋아 좋아
뱀은 과자를 좋아해 // 냠 냠 냠 백조는 헤엄쳐 // 멋져 멋져 멋져
* 돌로 만들어진 난로를 stone stove라고 해요.

4. 알맞은 것끼리 연결해 보세요.

sm •　　　　　• **im** •　　　　　•

sw •　　　　　• **ell** •　　　　　•

st •　　　　　• **one** •　　　　　•

5. 다른 부분을 찾아 오른쪽 그림에 동그라미하고, 동그라미한 단어를 아래에 적으세요.

_____　_____　_____　_____

_____　_____　_____　_____

Day 42 이중 자음 ch, sh, th, ng

1. 두 개의 자음이 만나 새로운 소리를 내는 짝을 만들어요. 잘 듣고 따라해 보세요.

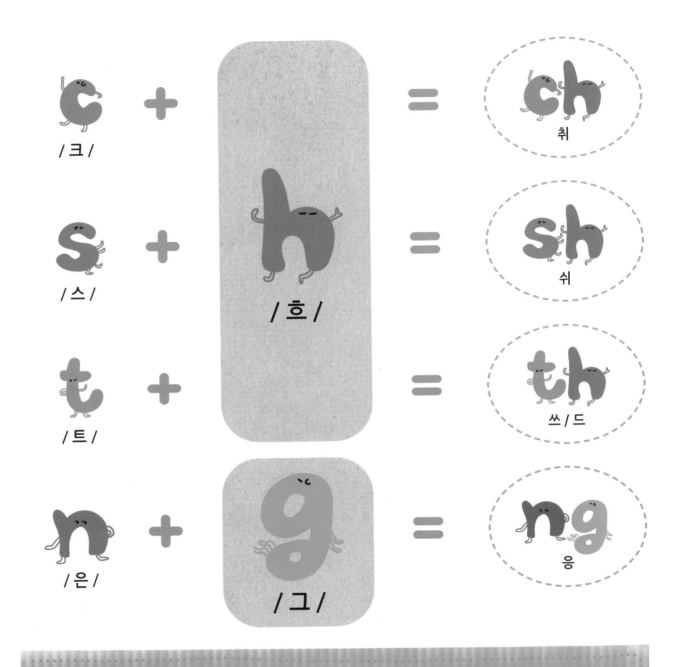

TIP c/크/와 h/흐/가 만나면 /크흐/로 소리나지 않아요. /취/라는 새로운 소리가 나는 거예요. 새로 바뀌는 발음을 잘 기억해 두세요.

130

2. 짝이 된 ch, sh, th 뒤에 다른 알파벳들을 붙여서 단어를 만들어요. 잘 듣고 따라해 보세요.

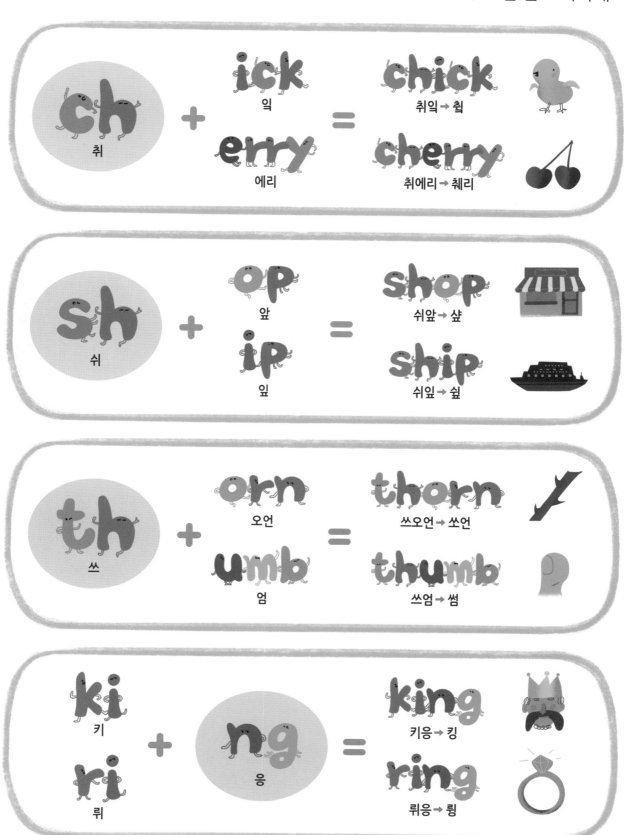

ch 취 + **ick** 잌 = **chick** 취잌 → 췩

ch 취 + **erry** 에리 = **cherry** 취에리 → 췌리

sh 쉬 + **op** 앞 = **shop** 쉬앞 → 샵

sh 쉬 + **ip** 잎 = **ship** 쉬잎 → 쉽

th 쓰 + **orn** 오언 = **thorn** 쓰오언 → 쏘언

th 쓰 + **umb** 엄 = **thumb** 쓰엄 → 썸

ki 키 + **ng** 응 = **king** 키응 → 킹

ri 뤼 + **ng** 응 = **ring** 뤼응 → 륑

잠깐! th가 맨 뒤에 나오는 경우도 있어요. 예) bath/배쓰/ 목욕, math/매쓰/ 수학
th가 /드/로 소리 나는 경우도 있어요. 예) this/디스/ 이것, that/댙/ 저것
thumb에서 b는 소리가 나지 않아요. 이렇게 소리 나지 않는 것을 묵음이라고 해요.

3. 챈트를 들으면서 신나게 따라 불러 보세요.

A thorn in a thumb
Ouch ouch ouch

The king has a ring
Big big big

The shop sells ships
Nice nice nice

The chicks like cherries
Yum yum yum

TIP 엄지에 가시 // 아야 아야 아야   왕이 반지를 끼고 있어요 // 크다 크다 크다
가게에서 배를 팔아요 // 멋져 멋져 멋져   병아리가 체리를 좋아해요 // 냠 냠 냠

4. 알맞은 것끼리 연결해 보세요.

ch ·   · ng ·   ·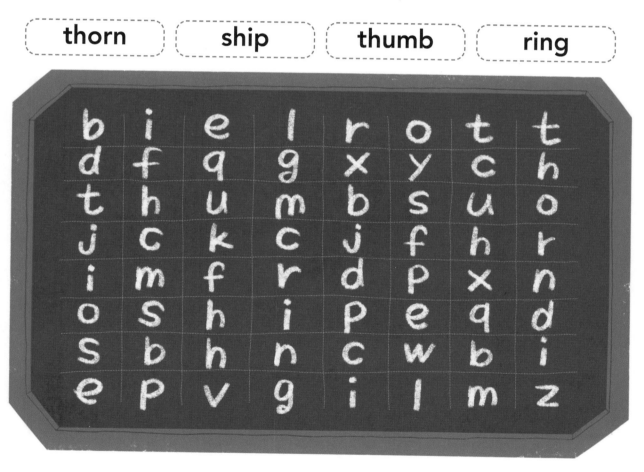

ki ·   · op ·

sh ·   · ick ·

5. 다음 단어들을 찾아서 동그라미하고 한 번씩 써보세요.

| thorn | ship | thumb | ring |

b i e l r o t t
d f q g x y c h
t f h u m b y u o
j c u k m c j f u r
i m f c r d p x n
o s h r i p e q d
s b h n g c w b i
e e p v g i l m z

1. 잘 듣고 알맞은 그림에 동그라미 하세요.

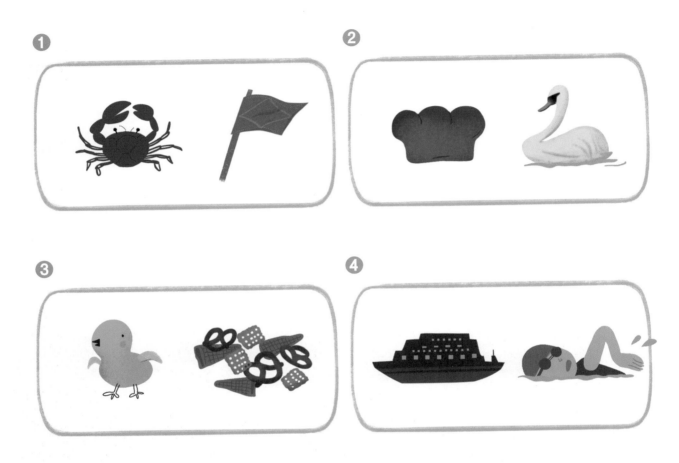

2. 잘 듣고, 들려주는 소리가 들어간 단어를 찾아 번호를 쓰세요.

( )   ( )   ( )   ( )

3. 주어진 글자가 들어가는 단어의 그림에 동그라미 하세요.

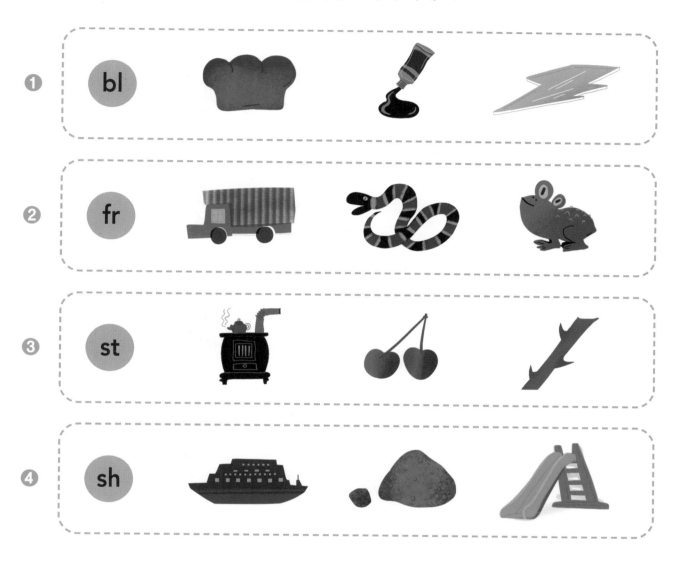

4. 빈칸을 채워 그림의 단어를 완성하세요.

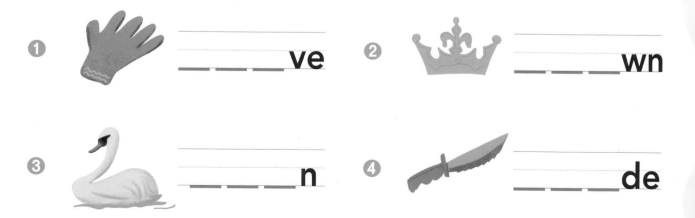

① _____ve ② _____wn

③ _____n ④ _____de

5. 잘 듣고 알맞은 그림과 연결하세요. 그리고 단어를 세 번씩 읽어보세요.

①  •   •  ① ② ③

②  •   •  ① ② ③

③  •   •  ① ② ③

④  •   •  ① ② ③

⑤  •   •  ① ② ③

⑥  •   •  ① ② ③

❗ 연필로 동그라미에 체크하며 단어를 세 번씩 읽어 보세요. ①̸ ②̸ ③̸

136

6. 잘 듣고 빈칸에 알맞은 단어를 써서 문장을 완성해 보세요.

①

A _____ flag.

②

The frog is my _____.

③

I _____ and smile.

④

The _____s like cherries.

PART 5 이중 모음

Q. 동물들에 적혀 있는 모음 두 개를 알파벳 이름으로 읽어 보세요.

TIP!

이중 모음이란 모음 두 개가 나란히 있는 것을 말해요.
모음이 두 개가 나오면 소리가 길어져요. 완전히 다른 소리로 바뀌기도 해요.
모음과 r이 만나 어떻게 소리 나는지도 배울 거예요.

Day 44 이중 모음 ai, ay, oi, oy

1. ai와 ay로 단어를 만들어요. 잘 듣고 따라해 보세요.

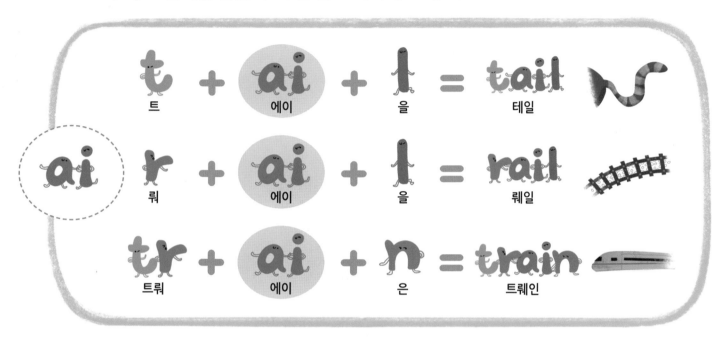

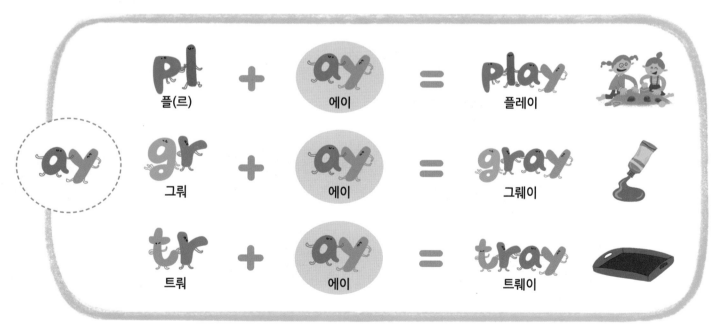

2. oi와 oy로 단어를 만들어요. 잘 듣고 따라해 보세요.

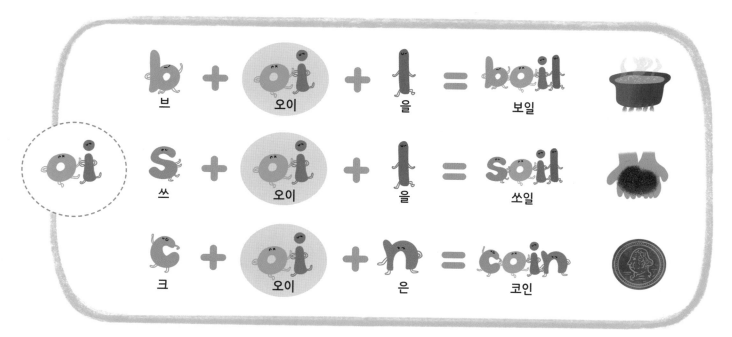

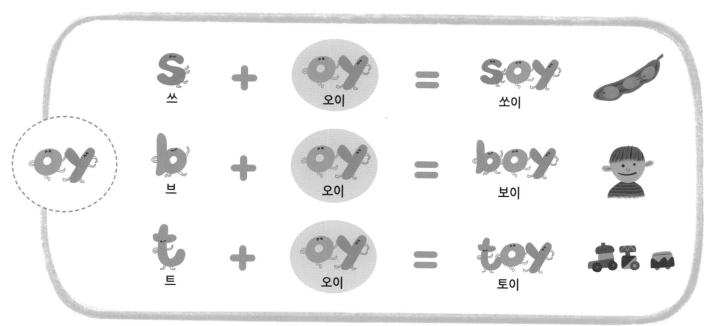

TIP 이중 모음 oi, oy는 /오이/로 소리가 나요.

3. 챈트를 들으면서 신나게 따라 불러 보세요.

Boys play with toys
Fun fun fun

A train runs on the rail
Choo choo choo

Coins in the soil
Aha aha aha

A gray tray
Round round round

TIP 소년들이 장난감을 가지고 놀아요 // 재밌어 재밌어 재밌어
기차가 레일 위를 달려요 // 칙칙폭폭 칙칙폭폭 칙칙폭폭
흙 속에 동전 // 아하 아하 아하   회색 쟁반 // 둥글 둥글 둥글

4. 알맞은 것끼리 연결해 보세요.

pl •　　　• **oy** •　　　•

s •　　　• **oin** •　　　•

c •　　　• **ay** •　　　•

5. 학교 가는 길에 만난 단어를 써보세요.

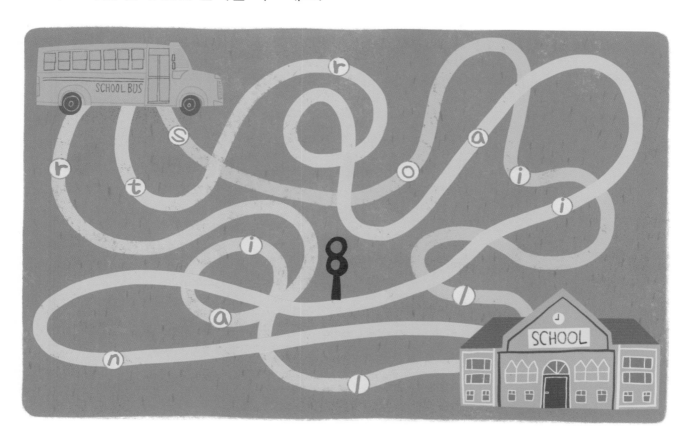

파란색 길에서 만난 단어	노란색 길에서 만난 단어	분홍색 길에서 만난 단어

이중 모음 oa, ow₁, ou, ow₂

1. oa와 ow₁로 단어를 만들어요. 잘 듣고 따라해 보세요.

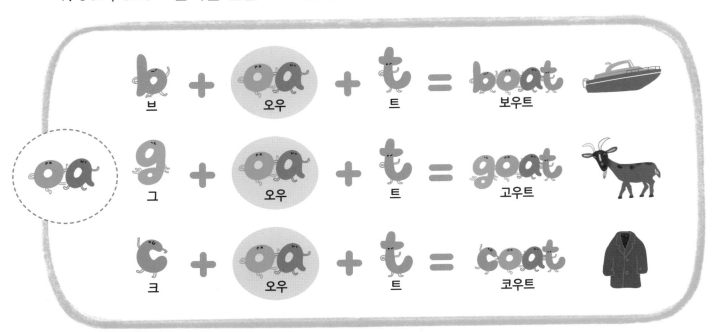

oa

b
브
+
oa
오우
+
t
트
=
boat
보우트

g
그
+
oa
오우
+
t
트
=
goat
고우트

c
크
+
oa
오우
+
t
트
=
coat
코우트

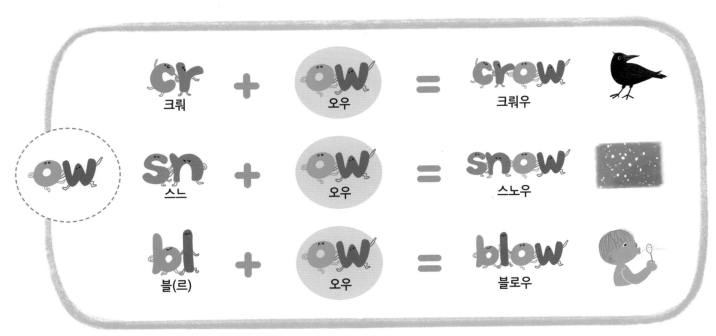

ow

cr
크뤄
+
ow
오우
=
crow
크뤄우

sn
스느
+
ow
오우
=
snow
스노우

bl
블(르)
+
ow
오우
=
blow
블로우

TIP ow는 두 가지로 소리가 나기 때문에 소리에 따라서 ow₁과 ow₂로 나누었어요.
이중 모음 oa, ow₁은 /오우/로 소리가 나요.

2. ou와 ow₂로 단어를 만들어요. 잘 듣고 따라해 보세요.

ou

h + ou + se = house
흐   아우   스   하우스

m + ou + se = mouse
므   아우   스   마우스

m + ou + th = mouth
므   아우   쓰   마우쓰

ow

c + ow = cow
크   아우   카우

cr + ow + n = crown
크뤄   아우   은   크롸운

ow + l = owl
아우   을   아울

TIP 이중 모음 ou, ow₂는 /아우/로 소리가 나요.

3. 챈트를 들으면서 신나게 따라 불러 보세요.

The crow likes snow
Fun fun fun

The goat is on the boat
Yeah yeah yeah

The mouse has a big mouth
Ha ha ha

The owl wears a crown
Nice nice nice

4. 알맞은 것끼리 연결해 보세요.

cr •   • oat •

c •   • ow$_2$ •

g •   • ow$_1$ •

5. 같은 그림이 두 번 나온 것을 찾아 동그라미하고, 단어를 적어 보세요.

_____   _____
_____   _____

Day 46 — 이중 모음 ee, ea, oo₁, oo₂

1. ee와 ea로 단어를 만들어요. 잘 듣고 따라해 보세요.

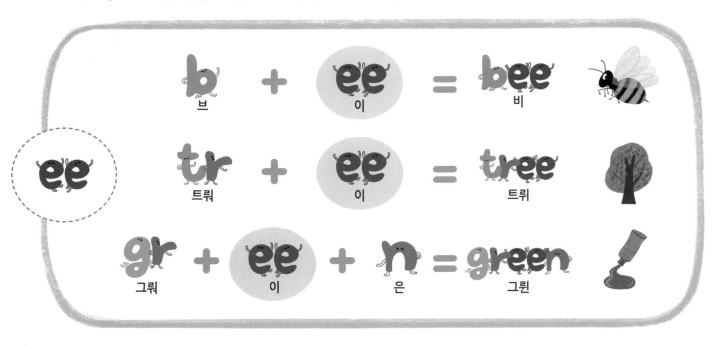

ee

b + ee = bee
브   이   비

tr + ee = tree
트뤄   이   트뤼

gr + ee + n = green
그뤄   이   은   그륀

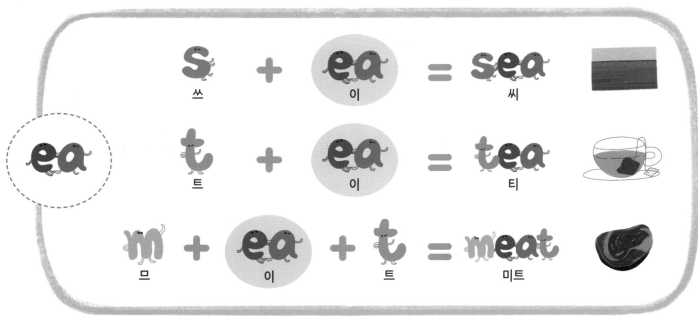

ea

s + ea = sea
쓰   이   씨

t + ea = tea
트   이   티

m + ea + t = meat
므   이   트   미트

TIP 이중 모음 ee, ea는 /이/로 소리가 나요.

148

2. oo₁와 oo₂로 단어를 만들어요. 잘 듣고 따라해 보세요.

oo

b + oo + k = book
브   우   크   북

c + oo + k = cook
크   우   크   쿡

f + oo + t = foot
프   우   트   푸웉

oo

z + oo = zoo
즈   우~   즈우~

p + oo + l = pool
프   우~   을   푸~을

m + oo + se = moose
므   우~   스   무~스

TIP oo는 짧게 /우/ 소리 날 때도 있고, 길게 /우~/ 소리 날 때도 있어서
oo₁과 oo₂로 나누었어요.

3. 챈트를 들으면서 신나게 따라 불러 보세요.

A moose is in the zoo
Help help help

The monster likes tea and meat
Sip sip sip

A book is in the pool
No no no

A bee is near the tree
Buzz buzz buzz

TIP 무스가 동물원에 갇혀 있어요 // 도와줘 도와줘 도와줘
몬스터는 고기와 차를 좋아해요 // 홀짝 홀짝 홀짝
책이 수영장에 떠다니네요 // 안돼 안돼 안돼   벌이 나무 근처에 있어요 // 윙 윙 윙

4. 알맞은 것끼리 연결해 보세요.

z · · oo_2 ·

s · · oo_1k ·

b · · ea ·

5. 다른 부분을 찾아 오른쪽 그림에 동그라미하고, 동그라미한 단어를 적어보세요.

이중 모음 ar, or, ir, er

1. ar와 or로 단어를 만들어요. 잘 듣고 따라해 보세요.

ar

c
크
+ **ar**
아알
= car
칼

st
스트
+ **ar**
아알
= star
스탈

ar
아알
+ m
음
= arm
암

or

c
크
+ **or**
오올
+ n
은
= corn
코온

f
프
+ **or**
오올
+ k
크
= fork
포올크

st
스트
+ **or**
오올
+ e
(묵음)
= store
스토얼

TIP ar은 /아알/, or는 /오올/로 소리가 나요.

152

2. ir와 er로 단어를 만들어요. 잘 듣고 따라해 보세요.

ir

b + ir + d = bird
브   어얼   드   벌드

g + ir + l = girl
그   어얼   을   거얼

sh + ir + t = shirt
쉬   어얼   트   셜트

er

si + ng + er = singer
씨   응   어얼   씽얼

si + st + er = sister
씨   스트   어얼   씨스털

so + cc + er = soccer
싸   크   어얼   싸컬

TIP ir, er은 /어얼/로 소리가 나요.

3. 챈트를 들으면서 신나게 따라 불러 보세요.

A girl wears a shirt
Pretty pretty pretty
The singer is my sister
Cool cool cool

The car has a star
Twinkle twinkle twinkle

I like the corn store
Yum yum yum

TIP

소녀는 셔츠를 입고 있어요 // 예뻐 예뻐 예뻐
그 가수는 제 언니예요 // 멋져 멋져 멋져
그 차에는 별이 있어요 // 반짝 반짝 반짝
나는 옥수수 가게를 좋아해요 // 냠 냠 냠

4. 알맞은 것끼리 연결해 보세요.

ar ·   · ar ·   · 🍴

f ·   · ork ·   · 🦵

st ·   · m ·   · ⭐

5. 다음 단어들을 찾아서 동그라미하고 한 번씩 써보세요.

| star | bird | soccer | arm |

c	t	z	h	r	x	j	u
s	a	k	k	b	i	r	d
m	e	b	p	w	u	o	p
n	v	f	y	v	a	d	i
s	o	c	c	e	r	n	f
t	g	d	s	x	m	e	s
a	r	l	h	e	u	i	t
r	w	x	m	q	h	y	a

1. 잘 듣고 알맞은 그림에 동그라미 하세요.

❶ ❷

❸ ❹

2. 잘 듣고, 들려주는 소리가 들어간 단어를 찾아 번호를 쓰세요.

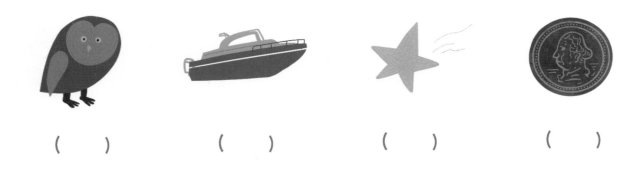

( ) ( ) ( ) ( )

3. 주어진 글자가 들어가는 단어의 그림에 동그라미 하세요.

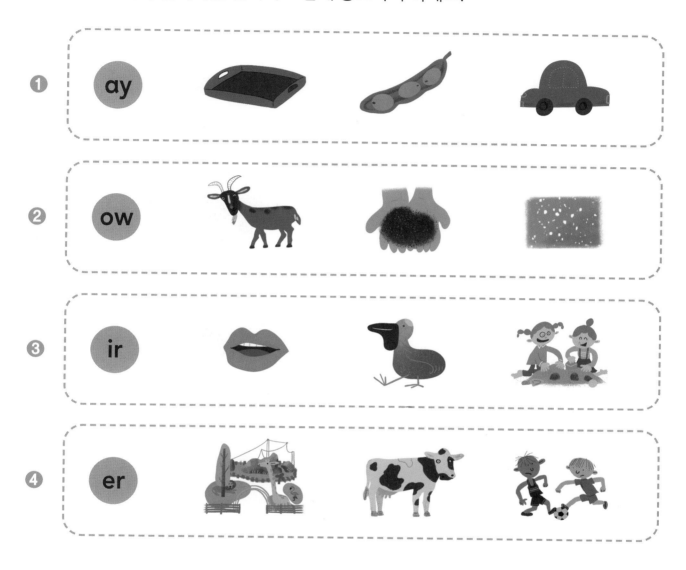

4. 빈칸을 채워 그림의 단어를 완성하세요.

① m___t   ② c___k

③ t___n   ④ g___n

5. 잘 듣고 알맞은 그림과 연결하세요. 그리고 단어를 세 번씩 읽어보세요.

❶  •

•  ① ② ③

❷  •

• ① ② ③

❸  •

•  ① ② ③

❹  •

•  ① ② ③

❺ •

• ① ② ③

❻ •

•  ① ② ③

❗ 연필로 동그라미에 체크하며 단어를 세 번씩 읽어 보세요. ① ② ③

158

6. 다음 퍼즐에서 들려주는 단어를 찾고, 빈칸에 단어를 써 보세요.

p	b	b	c	m	k	z
t	c	a	r	n	s	n
g	a	r	s	i	i	a
i	y	s	i	s	s	y
r	o	m	n	o	t	d
l	k	l	d	d	e	r
s	i	s	f	o	r	k

❶ _____

❷ _____

❸ _____

❹ _____

메모

정답

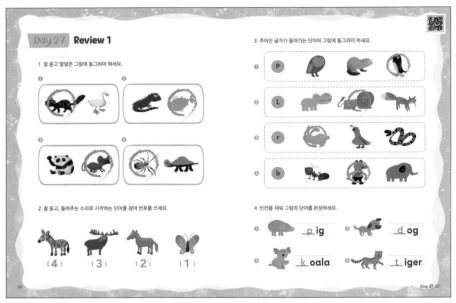

Day 27 Review 1

1. 잘 듣고 알맞은 그림에 동그라미 하세요.

2. 잘 듣고, 들려주는 소리로 시작하는 단어를 찾아 번호를 쓰세요.

(4) (3) (2) (1)

3. 주어진 글자가 들어가는 단어의 그림에 동그라미 하세요.

4. 빈칸을 채워 그림의 단어를 완성하세요.

① _p_ ig ② _d_ og
③ _k_ oala ④ _t_ iger

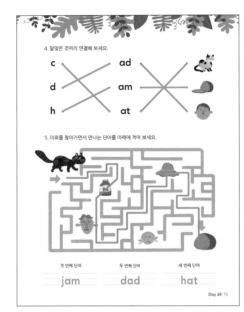

4. 알맞은 것끼리 연결해 보세요.

c — ad
d — am
h — at

5. 미로를 찾아가면서 만나는 단어를 아래에 적어 보세요.

첫 번째 단어 | 두 번째 단어 | 세 번째 단어
jam | dad | hat

4. 알맞은 것끼리 연결해 보세요.

h — ed
b — et
n — en

5. 숨어있는 자음과 짝을 찾아서 두 개의 단어를 완성한 후 아래에 적어 보세요.

열 마리의 말닭이 침대 위에 있어요.

Ten hens are on the bed .

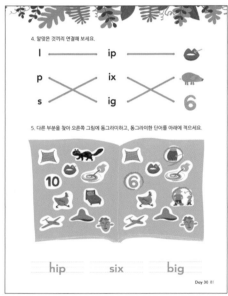

4. 알맞은 것끼리 연결해 보세요.

l — ip
p — ix
s — ig

5. 다른 부분을 찾아 오른쪽 그림에 동그라미하고, 동그라미한 단어를 아래에 적으세요.

hip six big

4. 알맞은 것끼리 연결해 보세요.

p — op
c — ox
b — ot

5. 다음 단어들을 찾아서 동그라미하고 한 번씩 쓰세요.

fox hot hop cop

fox hot hop cop

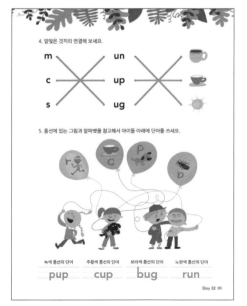

4. 알맞은 것끼리 연결해 보세요.

m — un
c — up
s — ug

5. 풍선에 있는 그림과 알파벳을 참고해서 아이들 아래에 단어를 쓰세요.

녹색 풍선의 단어 | 주황색 풍선의 단어 | 보라색 풍선의 단어 | 노란색 풍선의 단어
pup | cup | bug | run

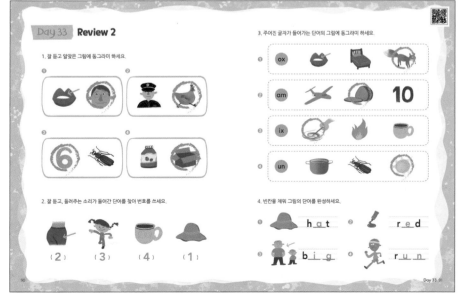

Day 33 Review 2

1. 잘 듣고 알맞은 그림에 동그라미 하세요.

2. 잘 듣고, 들려주는 소리가 들어간 단어를 찾아 번호를 쓰세요.

(2) (3) (4) (1)

3. 주어진 글자가 들어가는 단어의 그림에 동그라미 하세요.

4. 빈칸을 채워 그림의 단어를 완성하세요.

① _h_ at ② _r_ ed
③ _b_ ig ④ _r_ un

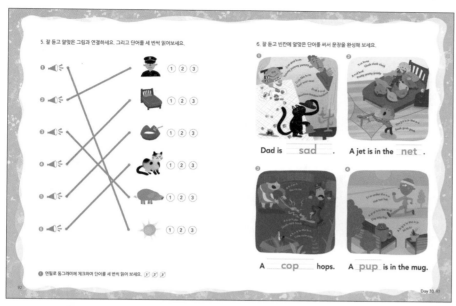

5. 잘 듣고 알맞은 그림과 연결하세요. 그리고 단어를 세 번씩 읽어보세요.

6. 잘 듣고 빈칸에 알맞은 단어를 써서 문장을 완성해 보세요.

Dad is ___sad___.

A jet is in the ___net___.

A ___cop___ hops.

A ___pup___ is in the mug.

● 연필로 동그라미에 체크하며 단어를 세 번씩 읽어 보세요. 1 2 3

Day 33 93

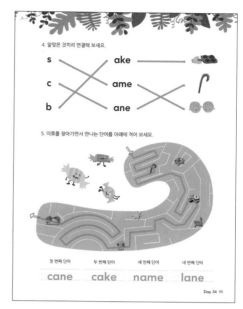

4. 알맞은 것끼리 연결해 보세요.

s   ake
c   ame
b   ane

5. 미로를 찾아가면서 만나는 단어를 아래에 적어 보세요.

첫 번째 단어	두 번째 단어	세 번째 단어	네 번째 단어
cane	cake	name	lane

Day 34 99

4. 알맞은 것끼리 연결해 보세요.

f   ike   5
b   ine   9
n   ive

5. 숨어있는 자음과 짝을 찾아서 단어를 완성한 후 아래에 적어 보세요.

나는 그 자전거를 매우 많이 좋아한다.

I ___like___ the ___bike___ very much.

Day 35 103

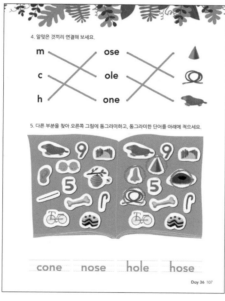

4. 알맞은 것끼리 연결해 보세요.

m   ose
c   ole
h   one

5. 다른 부분을 찾아 오른쪽 그림에 동그라미 하고, 동그라미한 단어를 아래에 적으세요.

cone   nose   hole   hose

Day 36 107

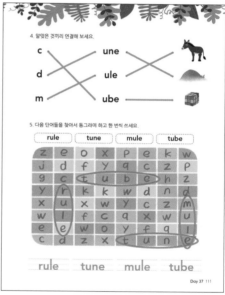

4. 알맞은 것끼리 연결해 보세요.

c   une
d   ule
m   ube

5. 다음 단어들을 찾아서 동그라미 하고 한 번씩 쓰세요.

rule   tune   mule   tube

rule   tune   mule   tube

Day 37 111

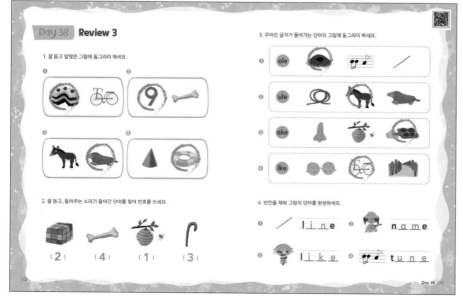

Day 38   Review 3

1. 잘 듣고 알맞은 그림에 동그라미 하세요.

2. 잘 듣고, 들려주는 소리가 들어간 단어를 찾아 번호를 쓰세요.

(2)   (4)   (1)   (3)

3. 주어진 글자가 들어가는 단어의 그림에 동그라미 하세요.

① ole
② ule
③ ake
④ ike

4. 빈칸을 채워 그림의 단어를 완성하세요.

① ___l i n e___
② ___n a m e___
③ ___l i k e___
④ ___t u n e___

Day 38 113

5. 잘 듣고 알맞은 그림과 연결하세요. 그리고 단어를 세 번씩 읽어보세요.

① 1 2 3
② Rules 1 2 3
③ 1 2 3
④ 9 1 2 3
⑤ 1 2 3
⑥ 1 2 3

● 연필로 동그라미에 체크하며 단어를 세 번씩 읽어 보세요. 1 2 3

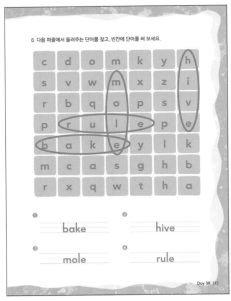

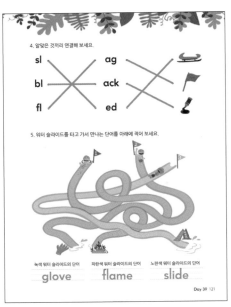

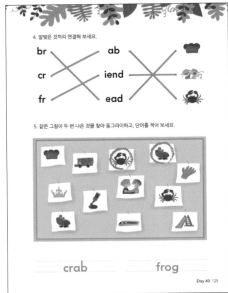

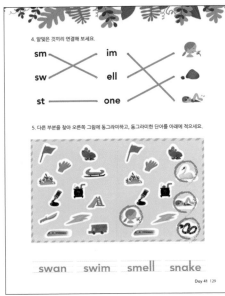

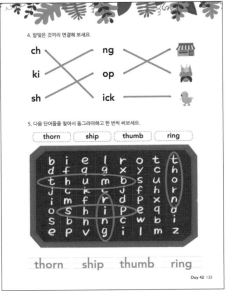

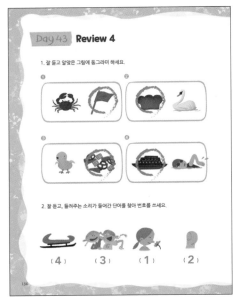

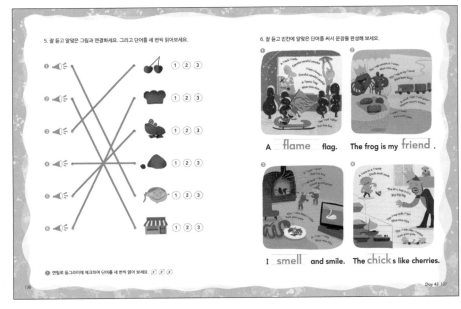

164

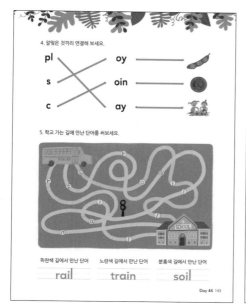

4. 알맞은 것끼리 연결해 보세요.

pl — oy
s — oin
c — ay

5. 학교 가는 길에 만난 단어를 써보세요.

파란색 길에서 만난 단어	노란색 길에서 만난 단어	분홍색 길에서 만난 단어
rail	train	soil

Day 44 143

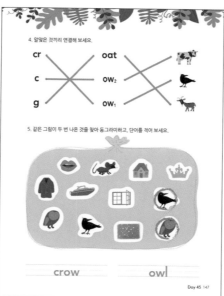

4. 알맞은 것끼리 연결해 보세요.

cr — oat
c — ow2
g — ow1

5. 같은 그림이 두 번 나온 것을 찾아 동그라미하고, 단어를 적어 보세요.

crow   owl

Day 45 147

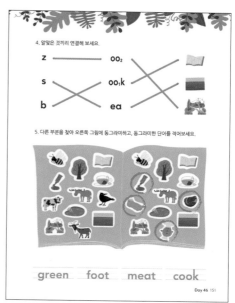

4. 알맞은 것끼리 연결해 보세요.

z — oo2
s — oo1k
b — ea

5. 다른 부분을 찾아 오른쪽 그림에 동그라미하고, 동그라미한 단어를 적어보세요.

green foot meat cook

Day 46 151

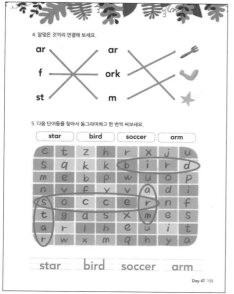

4. 알맞은 것끼리 연결해 보세요.

ar — ar
f — ork
st — m

5. 다음 단어들을 찾아서 동그라미하고 한 번씩 써보세요.

star   bird   soccer   arm

star bird soccer arm

Day 47 155

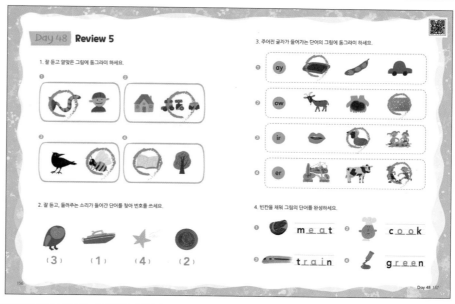

Day 48 Review 5

1. 잘 듣고 알맞은 그림에 동그라미 하세요.

2. 잘 듣고, 들려주는 소리가 들어간 단어를 찾아 번호를 쓰세요.

(3) (1) (4) (2)

3. 주어진 글자가 들어가는 단어의 그림에 동그라미 하세요.

① ay
② ow
③ ir
④ er

4. 빈칸을 채워 그림의 단어를 완성하세요.

① m e a t   ② c o o k
③ t r a i n   ④ g r e e n

158   Day 48 157

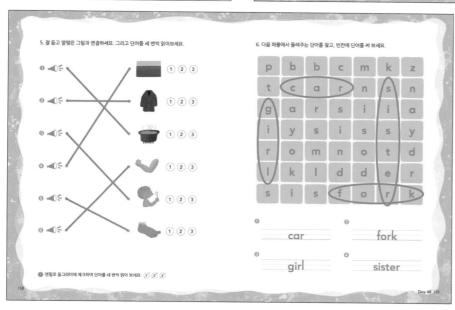

5. 잘 듣고 알맞은 그림과 연결하세요. 그리고 단어를 세 번씩 읽어보세요.

① 1 2 3
② 1 2 3
③ 1 2 3
④ 1 2 3
⑤ 1 2 3
⑥ 1 2 3

6. 다음 퍼즐에서 들려주는 단어를 찾고, 빈칸에 단어를 써 보세요.

① car   ② fork
③ girl   ④ sister

● 연필로 동그라미에 체크하며 단어를 세 번씩 읽어 보세요. 1 2 3

158   Day 48 159

정답 165

Where Are My Friends?

Little Jaguar lives in the woods.

He is lonely.

"Whew! I have no friends.

I am very sad."

"Uh, who are you?"
"Guess who I am."
"You have a tail."
"No, it is a nose."
"Really?"

Little Jaguar shouts,
"Aha! You are Elephant."
"Bingo. Let's find our friends,"
Elephant says.

Little Jaguar and Elephant smile.

"Who are you?"

"I can jump high."

"Are you Frog?" Elephant says.

"No. I am not small. I am big."

"Hmm. You are Kangaroo."
"Right. Let's find more friends,"
Kangaroo says.

"Who are you?"

"You have wings," Kangaroo says.

"Right. But I cannot fly."

"Are you Penguin?"
"No."
"Are you Chick?"
"Bingo!"

"Wow! I have many friends.
Let's play. I am very happy."

친구들이 어디 있지?

아기 재규어는 숲에서 살아요.
아기 재규어는 외로워요.
"이잉! 친구가 없어.
너무 슬퍼."

"어? 넌 누구니?"
"내가 누군지 맞춰봐."
"꼬리가 있네~"
"꼬리 아니야, 이건 코야."
"그래?"
"아하! 엘리펀트구나!" 아기 재규어가 외쳐요.
"빙고. 우리 친구들을 찾아보자." 엘리펀트가 말해요.

아기 재규어와 엘리펀트가 미소지어요.
"넌 누구니?"
"난 높이 점프할 수 있어."
"너 프로그니?" 엘리펀트가 말해요.
"아니. 난 작지 않아. 난 커!"
"흐음… 너 캥거루구나."
"맞았어. 우리 친구들 더 찾아보자." 캥거루가 말해요.

"넌 누구니?"
"넌 날개를 가지고 있구나~" 캥거루가 말해요.
"응, 맞아. 근데 날지는 못해."
"너 펭귄이니?"
"아니."
"너 칙이니?"
"빙고!"

"이제 우린 다섯이야!"
"와우! 친구들이 많네.
우리 놀자. 정말 행복해."